석장리 유적과 함께하는
고고학 여정

한국구석기캠프 어울림 마당 1

석장리 유적과 함께하는
고고학 여정

한창균 ǀ 서인선 ǀ 김수아 지음

•이 책을 펴내며•

　　1960년대 초반, 우리나라의 선사시대 연구 분야에서 얻은 매우 뜻깊고 괄목할 만한 학술 성과는 동해안 북쪽 바닷가 언저리의 굴포리(함경북도)와 금강 중류 지역의 석장리(충청남도)에서 발굴된 구석기시대의 유적, 유물과 밀접한 관계를 맺는다. 굴포리 유적의 첫 발굴은 1963년 4월에 이루어졌고, 석장리 유적에서는 그보다 1년 6개월 정도 늦은 1964년 11월에 실시되었다.

　　당시 북녘에서는 굴포리 구석기 유적의 발굴을 가리켜 "우리나라 원시시대 연구에서 이룩한 획기적인 사건의 하나"라고 평하였다.[1] 한편 석장리 유적의 발굴 작업을 주도적으로 이끌었던 파른 손보기 교수(1922~2010)는 이 유적의 발굴을 통하여 "식민지사관에 마비되어 체념하고 있던 우리의 선사 편년先史編年은 확실히 달라지게 되었다."라고 단언하며, 이는 "우리 선사학의 새로운 계기와 새로운 연구의 방향을 열어 주었다."라고 표현하였다.[2]

　　이렇듯이 굴포리와 석장리에서 분명하게 드러난 구석기 유물의 존재와 유적의 확인은 과거 이 땅에서 펼쳐졌던 선사 문화의 흐름이 구석기시대, 신석기시대, 청동기시대 등과 같은 보편적인 발전 단계를 고루 거쳤다는 편년의 짜임새와 구조를 새롭게 확립하는 데 결정적으로 이바지하였다.

　　석장리 유적에서 첫 발굴이 시작된 지 어느덧 60여 년의 세월이 흐르고 있다. 반세기도 훨씬 넘는 지난날의 일이지만, 그동안 석장리 유적의 조사 발굴과 관련된 이야깃거리가 적지 않다. 이 책의 '글머리'에서 언급했듯이 그 이야기들은 석장리 유적의 경우에서만 만나게 되는 남다르게 독특한 점에서 비롯된다고 말할 수 있다.

　　이 책은 다음과 같은 여러분의 도움을 받아 작성되었다. 정명호·박충래·김기한(석장리 유적 발굴 참여), 하일식(연세대학교 박물관장), 하문식(연세대학교 사학과 교수), 김기태(겨레문화유산연구원장), 최명진(공주시청 문화유산과 고도육성팀장), 조진석(석장리박물관장), 신재호(국사편찬위원회), 김은정·정봉구(주식회사 라드피온), 기수연(단국대학교 석주선기념박물관), 이원규·

---

[1] 고고학 및 민속학 연구소, 1963. 〈조선 민주주의 인민 공화국 창건 이후 고고학과 민속학 연구에서 거둔 성과〉, 《고고민속》 1963-3.
[2] 손보기, 1964. 〈구석기시대 유물 발굴의 성과와 문제점〉, 《연세춘추》 1964년 12월 7일.

강희숙(전 연세대학교 박물관), 전찬영(연세대학교 대학원 사학과 석사생). 이 모든 분들에게 깊은 감사의 말씀을 전한다. 또한 이 책의 출간에 도움을 주었던 도서출판 혜안의 오일주 사장님, 김태규 실장님, 김현숙 편집장님을 비롯한 여러분께 이 자리를 빌려 감사를 드린다.

올해는 파른 선생님의 서거 15주기를 맞이하는 해이다. 고인의 영전에 삼가 이 책을 올릴 수 있게 되어 마음이 한결 홀가분하다. 앞으로 석장리 유적, 유물에 관한 연구가 끊임없이 이어져 나날이 좋은 성과가 쌓일 수 있도록 우리 모두 성원을 보낸다.

2025년 10월 30일

글쓴이 일동

• 글 싣는 차례 •

005 이 책을 펴내며
009 글머리

013 **1장** 유적의 발견과 첫 발굴: '없음(無)'에서 '있음(有)'으로

023 **2장** 석장리와 굴포리(도유호: 남북 고고학의 학술 교류 제안)

031 **3장** 자연과학 분석
032   3-1. 《먼셀흙빛깔표 Munsell Soil Color Charts》
033   3-2. 방사성탄소 연대 측정
039   3-3. 토양 산도(pH) 측정
041   3-4. 꽃가루 분석과 목탄의 수종 식별

045 **4장** 구석기 관계 용어 정리

055 **5장** 다양한 유형의 발굴 관련 기록물 생산

065 **6장** 한국사 통사류 및 검정 국사 교과서 수록
065   6-1. 통사류
069   6-2. 검정 국사 교과서(인문계 고등학교)

072 7장 사적 지정과 석장리박물관 개관
072   7-1. 사적 지정
076   7-2. 석장리박물관 개관

089 8장 석장리 행정 구역의 명칭 변화

095   글을 맺으며
098   인용 및 참고문헌
108   Seokjang-ri Paleolithic Site

111 부록
113   부록 1 • 석장리 유적 발굴 관계 공문서
145   부록 2 • 신문 보도
169   부록 3 • 사진으로 보는 석장리 유적 발굴(1~10차 발굴)

243   파른 손보기 해적이
253   찾아보기

글머리

　이미 알려진 바와 같이 해방 이후 이 땅에서 구석기시대의 유적과 유물을 찾으려는 시도는 북한 고고학에서 먼저 시도되었다(한창균, 2020). 한홍수(1950)는 구석기 유적을 찾기 위해서는 구석기의 발견 전례前例가 많은 동굴 등을 조사할 필요가 있다고 제안하였지만 실제 조사 발굴로는 이어지지 않았다. 한편, 1948년부터 함경북도의 두만강과 동해안 일대를 중심으로 몇 차례의 지표 조사(황기덕, 1957a; 1957b)가 이루어졌으나 구석기 유적은 찾아내지 못하였다.

　남한의 경우, 쿤 교수Carleton Stevens Coon(펜실베이니아 대학교)와 김정학 교수(고려대학교)가 1956년 11월 단양 뒤뜰굴(충청북도 단양군 단성면 북하리, 단성역 부근)에서 구석기 유적을 찾기 위한 시굴조사를 시도하였다. 그렇지만 추운 날씨로 인하여 뜻한 바의 성과는 올리지 못하였다(김정학, 1958; 칼레톤 S. 쿤(김완식 역), 1962; 우종윤, 2018; 한창균, 2014b).[1)]

　1960년대로 들어와 구석기 유적의 존재 가능성을 높여주는 유물이 북한 지역의 몇몇 군데에서 모습을 드러내기 시작하였다. 1961년 말, 화대군 장덕리(함경북도)의 이탄층에서 동물 뼈가 발견되었고, 현지 조사 결과 털코끼리Mammuthus primigenius의 화석으로 판명되었다(삽도 1). 후기 갱신세 후기에 형성된 이탄층은 동해안으로 흘러드는 화대천 언저리에 형성되어 있었다. 1962년 초(1월 25일~2월 7일)에 이루어진 발굴을 통하여 2개체가 넘는 털코끼리 뼈 및 식물 잔존물(나무줄기, 솔방울, 나뭇잎, 풀잎 등)이 발견되었다(김신규, 1962; 박준석·최현모, 1962). 비록 인공 유물은 확인되지 않았지만 털코끼리의 발견을 통하여 당시의 자연조건이 인류의 생존에도 적당하였으리라는 추정이 가능하게 되었다. 이와 더불어 연해주 등에서 알려진 구석기 유적의 발굴 소식은 이제까지

---

1) 그 후 뒤뜰굴에 대한 시굴조사는 2011년 11월 한국선사문화연구원에 의하여 이루어졌다. 이 조사를 통하여 찍개, 몸돌, 격지 등의 인공 유물과 사슴, 박쥐 등의 동물 화석이 발견되었다(우종윤, 2018).

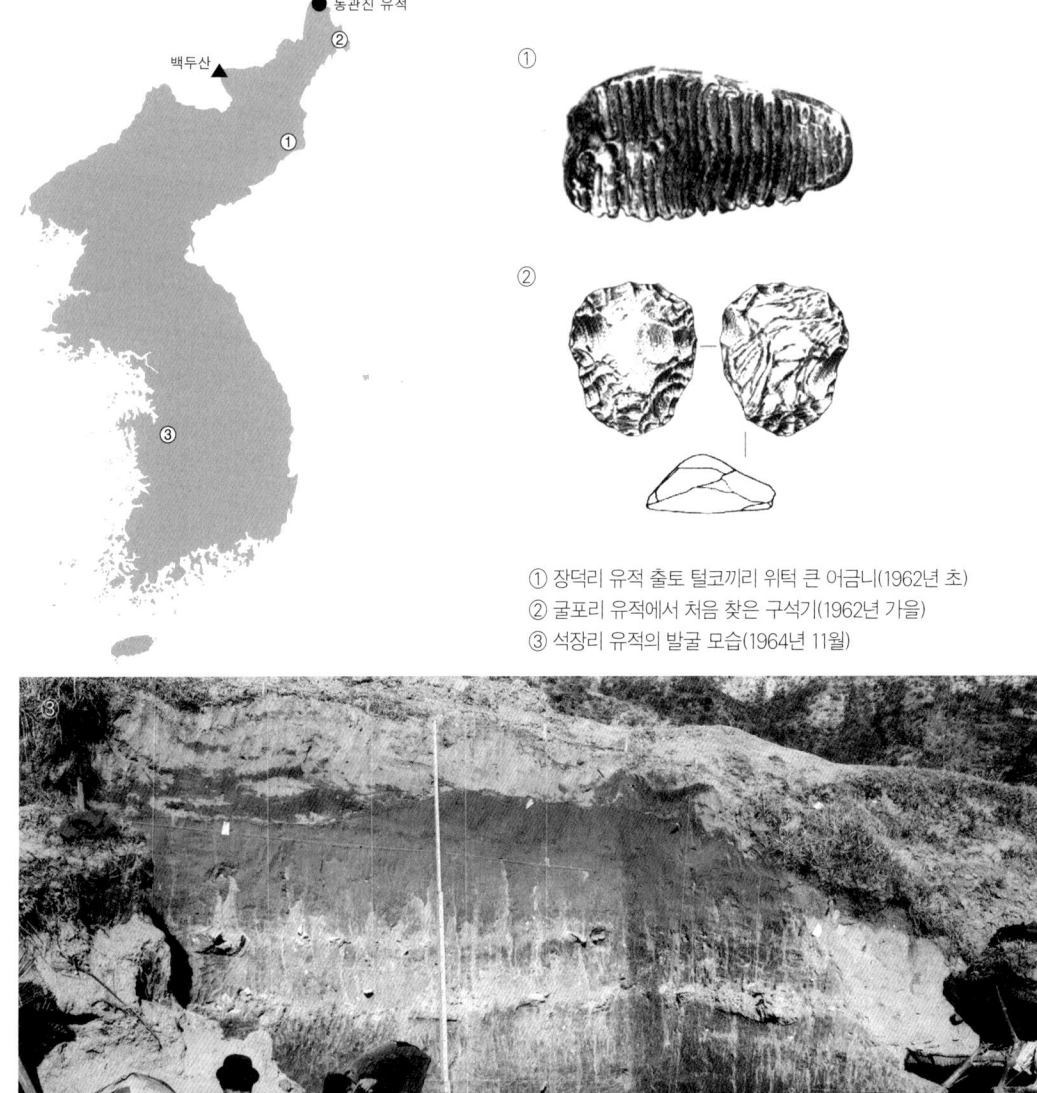

① 장덕리 유적 출토 털코끼리 위턱 큰 어금니(1962년 초)
② 굴포리 유적에서 처음 찾은 구석기(1962년 가을)
③ 석장리 유적의 발굴 모습(1964년 11월)

삽도 1 1960년대 초반에 발굴된 구석기 유적.
〔출처〕 ① *Institute of Geology*(1996), ② 조선유적유물도감 편찬위원회(1988), ③ 손보기(1993).

드러나지 않았던 새로운 유적의 존재 가능성에 대한 기대감을 강하게 불러일으키도록 해주었다(력사연구소, 1962; 손영종, 1963).

동해안에 바로 인접한 굴포리 서포항동(함경북도 웅기군, 현 라진시)의 선사시대 유적은 1960년부터 발굴되기 시작하였다. 1962년 신석기시대 층 아래에 놓인 원토층(붉은 갈색 진흙층)에서 차돌(석영)로 만든 깬석기 한 점이 드러났다. 이를 계기로 1963년 4월 굴포리 구석기 유적을 대상으로 첫 발굴이 실시되었으며, 여기서 얻은 성과는 약 일주일 뒤 《로동신문》(1963년 5월 4일)에 보도되었다(부록 2-1). 그리고 동일한 내용의 발표문이 《고고민속》(고고학 및 민속학 연구소, 1963a), 그리고 《력사과학》(력사연구소, 1963)에도 각각 게재되었다. 그 후 굴포리 구석기 유적은 1964년에 두 차례 더 발굴되었다(도유호, 1964; 도유호·김용남, 1965).

굴포리 구석기 유적의 3차 발굴이 끝난 약 4개월 뒤, 공주 석장리 유적에 대한 첫 발굴 작업이 1964년 11월에 이루어졌다. 그때부터 현재까지 석장리 유적에서는 모두 15차례에 걸친 발굴조사(시굴 포함)가 이루어졌다. 그것은 발굴의 성격과 발굴을 담당했던 기관에 따라 두 시기로 나누어 볼 수 있다.

1기의 발굴조사는 연세대학교 박물관이 이끌었던 순수 학술 발굴로서 1964~1974년(1973년 제외) 사이에 해당한다. 열 차례에 걸쳐 이루어진 발굴조사는 연세대학교 당국의 재정 지원을 받아 실시되었다.[2] 2기의 발굴조사는 구제 용역 발굴에 해당하는 시기로서 1990년과 1992년(11~12차 발굴, 한국선사문화연구소), 2010년(13차 발굴, 충청문화재연구원), 2023년(14차 발굴, 겨레문화유산연구원), 2024년[15차 발굴(시굴), 겨레문화유산연구원]에 각각 조사되었다. 오늘날 우리에게 잘 알려진 석장리 유적의 일반적인 성격과 특징은 거의 대부분 1기에 해당하는 발굴조사 동안에 얻은 고고학 성과를 바탕으로 하고 있다.

석장리 유적에서 첫 발굴이 이루어진 지 어느덧 60년이라는 시간이 흘렀다. 1964년부터 2024년까지 열다섯 차례에 걸쳐 발굴(시굴 포함)된 석장리 유적에서는 형성 시기가 서로 다른 여러 문화층이 드러났다. 이들 문화층에서는 다양한 유형의 수많은 유물이 출토된 바 있다. 지금까지 석장리 유적에서 얻은 발굴과 연구 성과는 한국 구석기 고고학의 얼개를 마련하는 데 크게 이바지하였다고 말할 수 있다. 이런 점을 염두에 두며, 이 글에서는 석장리 유적 발굴 60주년이 지니는 다양한 양상에 대하여 살펴보기로 하겠다.[3] 여기서 말하는 양상은 다른 구석기 유적에서는

---

[2] 1969년부터 1972년 사이에는 매년 30만 원의 국가 보조를 지원받았다(문화공보부, 1973).
[3] 이 글은 다음의 글을 수정, 보완하여 작성되었음을 밝힌다. 〈석장리 구석기 유적: 발굴 60주년에 즈음하여〉(한창균·서인선·김수아, 2025).

좀처럼 찾기 어려운 것으로 석장리 유적의 경우에만 만날 수 있는 고유하고 색다른 모습을 가리킨다고 말할 수 있다.

1장

유적의 발견과 첫 발굴: '없음(無)'에서 '있음(有)'으로

석장리 유적의 첫 발굴에 얽힌 실화를 언급할 때면 언제나 단골처럼 등장하는 인물이 바로 "샘플/모어L.L. Sample and A.D. Mohr 부부와 손보기 교수"라고 말할 수 있다. 샘플/모어는 1961년 위스콘신 대학교University of Wisconsin-Madison의 인류학과 박사과정에 입학하였다.[1] 그들은 차드C.S. Chard 교수의 지도 아래 미국 국립과학재단 National Science Foundation(1962~1964)의 지원을 받아 1962년 늦여름과 가을 동안 한국의 동해안, 중서부 지역, 남해안 일대에서 현지 조사를 수행하여 약 100군데에 이르는 지점을 찾았다(Sample and Mohr, 1964).

중서부 지역의 경우, 그들은 금강 중류에 해당하는 신탄진과 공주 사이에서 30여 지점을 조사하였다. 그들은 이 구간에서 선토기先土器(preceramic) 시대로 생각되는 두 군데 지점을 찾았다.[2] 한 지점

---

[1] 샘플(Lillie Laetitia Sample)은 1967년에 박사학위(논문 제목: *Culture History and Chronology in South Korea's Neolithic*)를 받았으며, 그 논문은 다음과 같이 발표되었다. Sample, L.L., 1974. Tongsamdong: A Contribution to Korean Neolithic Culture History. *Arctic Anthropology* 11(2), 1~125. 모어(Albert D. Mohr)는 1968년에 박사학위(논문 제목: *Archaeological Research in Southwestern Japan*)를 받았다. 샘플은 1968년부터 1976년까지, 그리고 모어는 1968년부터 1986년까지 토론토 대학교(University of Toronto) 인류학과 교수를 각각 역임하였다(Finlayson, 2004). 한편 한국에 오기 이전, 모어는 깬석기에 관하여 다음과 같은 글을 발표한 바 있다. Mohr, A.D., 1949. Flint Chipping and the Recognition of Flaked Artifacts. In, *A Manual of Archaeological Field Methods* (R.F. Heizer ed.), 33~35. Millbrae, The National Press.

[2] 이에 관해서는 다음을 참조하기 바람. "Of the more than 30 sites recorded by us, two localities are thought to be preceramic. At one locus, a body of old, well-consolidated sediments produced a meager assortment of heavy stone flakes. The second locality is near the top of a low bluff of old sediments which have survived the various erosional cycles of the Kum. Cultural material is weathering out of the cut bank from between 12 and 30 inches in depth along an exposure several hundred feet in

에서는 단단히 굳은 퇴적에서 묵직한 격지가 산출되었으나 종류가 빈약하였다. 또 다른 지점은 강벼랑(강기슭 낭떠러지)의 상부 쪽에 해당하는 곳이었다. 문화 유물은 벼랑으로 깎여진 곳에서 출토되었는데 그 두께는 약 30~75cm에 이르렀으며, 수십 미터 길이로 노출되어 있었다. 여기에서 돌을 깨서 만든 다양한 크기의 긁개와 많은 수량의 격지가 발견되었다(Sample and Mohr, 1964). 두 지점 가운데 후자가 석장리 유적에 해당하는 것으로 판단된다.[3]

1963년 9월 샘플/모어는 한국 고고학을 연구하고자 연세대학교 사학과를 내방하였다(연세대학교 사학연구회 편, 1963). 그들은 객원 학자Visiting Scholar의 자격으로 머물면서 수집품을 정리·분석하는 데 필요한 공간을 얻었으며(Sample, 1974), 1964년 봄학기 초에는 대학원생에게 특강 형식으로 야외 조사 방법론Field Method Course을 강의하였다(Sohn, 19650123; Finlayson, 2004 참조).

손보기는 1964년 3월 연세대학교 사학과 교수로 취임하였다(연세대학교 사학연구회 편, 1964a). 그해 5월 20일, 샘플/모어는 금강 유역에서 타제석기가 채집되었다는 사실을 전하며 손보기 교수에게 발굴을 제의하였다(손보기, 1965b). 5월 24일(일요일), 손보기, 샘플/모어, 사학과 대학원생 일행은 영종도 일대를 답사하였다. 답사가 마무리된 후 손보기와 샘플/모어는 발굴 대상 지역의 선정 문제를 논의하기에 이르렀다(손보기, 1964b). 5월 25일 샘플/모어 부부는 자신들이 약 2년 전부터 금강 유역에서 발견한 '박편 수점數點과 석핵'을 보여주며, 현지답사를 통하여 발굴할 곳을 선택하자고 제안하였다. 5월 26일 연세대학교 대학원에서는 장기면 일대의 사전史前 유적 조사와 관련하여 공주 군수에게 보내는 공문을 마련하였다(부록 1-1). 그리고 5월 27일 손보기 교수, 모어, 신성욱(연세대 대학원 사학과 박사생) 세 사람은 서울을 떠나 석장리 마을로 발길을 옮겼다(손보기, 1964b; 1965b 참조). 그리고 홍수로 무너져 드러난 장소를 조사하며 마침내 구석기를 손에 쥐는 큰 기쁨을 맛보게 되었다(손보기, 1964b).[4] 그것은 수만 년 전 금강 언저리에서 석기를 만들며 삶을 꾸렸던 구석기인의 자취와 마주하는 가슴 벅찬 순간이었다. 이렇듯이 현지에서 손수 얻은 조사 성과는 1차 발굴 대상 지점을 선정

---

length. There are a few percussion-flaked scrapers of varying size and quantity of waste flakes, but in the present state of Korean prehistory these offer scant basis for comparative study. By way of contrast, a late Neolithic site, characterized by plain brown ware and located a few hundred feet farther downstream, produced abundant pottery and no stone at all." (Sample and Mohr, 1964:100)

3) 정명호 선생님(2023년 5월 10일)에 따르면, 1962년 가을 이후 샘플/모어는 여러 차례에 걸쳐 석장리 일대를 조사하였다고 한다. 한편 모어의 1963년 석장리 유적 답사에는 정영화(당시 서울대 고고인류학과 재학생)도 동행하였다고 한다(배기동, 1992).

4) 이를 손보기 교수는 다음과 같이 표현하였다. "홍수가 지나간 다음 지층이 다소 무너지고 그 무너진 지층에서 수점의 Flake Refuse와 한 개의 완형 Blade를 발견하였다. Mohr와 필자는 환희에 넘쳐 귀경하였다"(손보기, 1964b). 'Flake Refuse'는 격지 부스러기, 'Blade'는 돌날을 각각 가리킨다.

하는 데 무엇보다 주요하게 작용하였을 것이다.

그로부터 약 1주일이 지난 다음, 희망찬 기대를 안고 연세대학교에서는 대학원 사학과와 박물관 운영위원회의 이름으로 석장리 유적의 발굴 허가를 신청하는 공문을 6월 4일 문교부 산하의 문화재관리국에 보냈다(부록 1-2 참조).[5] 공문에는 "발굴 지점과 면적, 목적, 기간, 소요 경비[6] 및 경비 부담 내역, 발굴 유물 보존 방안, 발굴요원 명단"이 두루 기재되었다. 그리고 여기에 덧붙여 "발굴동의서, 지적도" 등이 함께 제출되었다.

연세대학교 박물관은 1928년에 설립되었는데(윤현진, 2021)[7] 석장리 유적을 처음 조사할 당시에는 제대로 된 기능을 발휘하지 못하였기 때문에 대학원 사학과와의 공동명의로 발굴 허가를 신청하였다. 이에 대학원 사학과를 중심으로 민영규 교수(발굴 책임 교수), 손보기 교수(박물관 운영위원회 위원장), 우병희(해군사관학교 교관, 대학원 위탁생), 노호준·김상헌·신성욱·이융조(대학원생) 등이 발굴요원 명단에 포함되었다.[8]

공문 제출 다음 날(6월 5일) 문화재위원회(제1분과) 제6차 위원회가 열렸다. 이날 위원회에서는 3건의 발굴 허가 신청(국립박물관: 경주 서악리 고분, 고려대학교: 창원 웅천 조개더미, 연세대학교: 공주 석장리 유적)을 심의하였다(문화재관리국, 1966). 다른 유적의 경우와 달리 공주 석장리 유적에 대한 심의 결과는 '발굴 불허(보류)'였으며, 6월 13일자로 연세대학교에 통보되었다(부록 1-3).

7월 6일, 연세대학교에서는 석장리 유적의 발굴 허가 신청 공문을 문화재관리국에 또다시 보냈다(부록 1-4). 공문에는 "구석기로 인정되는 유물이 홍수로 무너진 곳에서 드러났으니 여름철 홍수나 장마로 피해를 당하기 이전에 유적이 발굴될 수 있도록 허락을 바란다."는 내용이 들어 있다. 7월 9일에 열린 제7차 문화재위원회에서는 3건의 발굴 허가 신청(국립박물관: 강진 사당리 가마터, 전남대

---

[5] 국가기록원(대전)에서 석장리 유적의 발굴과 관련된 자료를 구하는 데 도움을 주었던 이원규·강희숙님(전 연세대학교 박물관)께 감사를 드린다.

[6] 약 15일(1964년 6월 7일~21일) 동안의 발굴조사(면적 10평) 경비는 '10만 원'으로 책정되었지만, 실제 조사 비용으로는 14만원이 소요되었다(《연세춘추》 1965년 4월 5일). 짜장면 한 그릇 가격(당시 40원, 현재 7,000원)을 기준으로 환산하면 이 금액은 약 '2,450만 원'에 해당한다(ChatGPT 참조).

[7] 연세대학교 박물관은 1965년 3월 15일에 재개관되었다(윤현진, 2021).

[8] 2차 발굴(1965년)부터 사학과 4, 3, 2학년 학생들이 발굴 현장에 참여하기 시작하였다. 당시의 발굴대원 명단은 다음과 같다. 손보기(문과대학 교수 겸 박물관장, 발굴 책임자), 정명호(동문, 박물관 연구원), 우병희(해군사관학교 교관, 대학원 위탁생), 신성욱(대학원 박사과정)·이융조(대학원생), 이풍로·윤여형·최균영·최명세(4학년)·강준영·홍장춘·조정장·이한승·장기선·조성주·한동수·윤숙기·민마나·이신자·장인순(3학년)·최복규·박양기(2학년)(《연세춘추》 1965년 5월 17일; 부록 2-6 참조).

학교: 담양 한수동 가마터, 연세대학교: 공주 석장리 유적)을 심의하였다(문화재관리국, 1966). 국립박물관과 전남대학교는 발굴 허가를 받았지만 연세대학교의 발굴 허가 신청은 이전과 마찬가지로 보류되었다. 무슨 까닭으로 두 차례에 걸친 발굴 허가 신청이 보류되었을까? 구체적인 이유는 확연하게 드러난 바 없어 안타까울 따름이다.

10월 27일, 연세대학교에서는 석장리 유적의 발굴 허가 신청 3차 공문(부록 1-5)을 문화재관리국에 보냈다. 10월 29일, 문화재관리국은 그 공문을 접수하였다. 그리고 같은 날 문교부 장관(윤천주)은 문화재위원회 위원장에게 〈문화재 관리에 대한 자문〉을 요청하는 기안지에 서명하였다(부록 1-6). 자문 및 심의 사항은 바로 석장리 유적의 발굴 허가 문제와 직접 연계되었다.

10월 30일, 제12차 문화재위원회가 소집되었다. 이 위원회에서는 제7차 위원회에서 보류된 석장리 유적의 발굴 신청을 허락하기로 심의하였다. 그리고 허가 조건에는 "김원룡 위원의 지도 아래 석장리 유적이 발굴되어야 한다."는 단서 조항이 명기되었다(부록 1-7). 이런 내용을 담은 공문은 11월 9일자로 연세대학교에 발송되었다(부록 1-8). 한편 같은 날 교육부 장관은 충청남도 교육위원회 교감에게 공문(부록 1-9)을 보냈는데 거기에는 석장리 유적 발굴에 적극 협조하기를 바란다는 내용이 담겨 있었다.[9]

발굴 허가 신청에서 발굴 허가를 받기까지 무려 5개월이 소요되었다. 연세대학교에서는 그동안 세 차례에 걸쳐 문화재관리국에 발굴 허가 신청 공문을 제출하였다. 당시에 이루어진 여러 건의 발굴 허가 심의 과정에서 석장리 유적의 경우처럼 우여곡절을 거듭한 곳은 단 한 군데도 없었다. 오로지 발굴 허가 소식만을 손꼽아 기다렸던 당사자들의 심정을 지그시 헤아려 본다. 땅을 파기에 좋은 계절은 이미 지나갔고, 궂은 비와 추운 날씨가 발굴대원을 맞이하고 있었다.

ㄱ (11월 10일, 수) "오후 1시경 현장 실측을 계속 중 4시경 우(雨)로 인하여 실측 중지."〔정명호, 1964〕

ㄴ (11월 12일, 목) "주식晝食 후 현장에서 작업 중 재차 내리는 비로 다시 철수, 다시 현장에서 작업하였으나 곧 어두움으로 작업을 중지."〔김상헌, 1964〕

ㄷ (11월 13일, 금) "몹시 추운 밤을 지새니 궂은 날씨가 우리를 기다린다. 실의失意 속에서나마 0730시時에 일동一同 아침을 먹었다. 비가 그쳤음으로 전원이 현장에 나갔다. … (오후) 악성적惡性的 비가 다시 내렸으나 추위를 무릅쓰고 약 1800경까지 작업하였다."〔김상헌, 1964〕

"김상헌 선생님은 5이 잔 방이 좁아서인지 comedy를 일어나면서 말씀하신다. '깨어 보니 추워서 벽에서

---

9) 1차 발굴 기간 중 공주교육대학에서 천막 등을 지원받았다(정명호, 1964).

발 굴 동 의 서

토지소재지 충남 공주군 장기면 장암리(석장) 93번지

지목 675평 내 10평

숙업(宿業)지번 내 10평(별지도면 참조)에서 서울 연세대학교 발굴단

(사학과)의 발굴 요청에 의하야 발굴작업을 허락

함을 자(玆)에 동의함

서기 1964년 5월 30일

공주군 장기면 장암리(석장) 319번지

김 순 남

귀하

석장리 유적 1차 발굴 동의서(金順男, 1964년 5월 30일) (원문: 부록 1-2 참조).

부터 1m나 떨어져 있더군 …'."〔이융조, 1964〕

ㄹ (11월 14일, 토) "아직 본격적인 유물층의 작업이 아니므로 과로를 피하여야 되겠다는 생각으로 작업의 여유를 갖으려고 하였으나 우리들을 외면하는 날씨가 갖다주는 추위를 견디기 위하여 또 과로를 하였다. … (저녁 식사 후) 사과, 커피, 과자 등이 있었으나 그 어느 것도 나의 식욕을 자극하지 못했다."〔김상헌, 1964〕

"비가 와서 몇 차례 tent에 들어가다. 바람이 어떻게 부는지 우 선생님禹先生任의 가죽 잠바를 입고 있다. 아래로는 바람이 스머든다. 발을 동동 구르며 괜히 소리도 질러 보다."〔이융조, 1964〕

ㅁ (11월 15일, 일) "오늘 아침은 좀 늦게 7시경에 깨어났다. 찌뿌듯한 아침이다. 아침 식사 후 원기 백배 현장으로 나갔다. … 저녁 후, 우리 방에서 손 박사님을 중심으로 대원 간의 담소 시간을 가졌다. 주로 내일 발굴에 관한 것과 고고학 전반에 관한 것이었으나 요즈음 감기로 고통을 받으며 비상非常한 의지력을 발휘하고 있는 우 형禹兄이 한동안 필요 이상의 과열 상태를 보였으나 아무 일 없었다. 내일에 큰 기대를 걸어본다."〔김상헌, 1964〕

ㅂ (11월 16일, 월) "피곤이 풀리지 않는 아침이다. 우 형禹兄이 고통."〔김상헌, 1964〕

"방이 차서 새벽에는 다리를 펴지 못하고 잤다. 일어나기 싫어서 꿈지럭거렸기에 이불은 내가 갤 수밖에."〔이융조, 1964〕

ㅅ (11월 25일, 수) "요 하나 갖고 덮기만 한 침구 때문인지 추위를 이겨내지 못한 채 떨며 자다."〔이융조, 1964〕

11월 10일 석장리 유적에서 측량 작업이 시작되고(정명호, 1964), 11월 12일 발굴 본대가 마을에 도착했을 무렵, 그들을 기다린 것은 금강의 매서운 겨울 날씨였다. 방 하나에 다섯 명이 머물렀고, 이부자리조차 변변하지 못하여 방안의 찬 기운을 제대로 막아내기도 여의치 않았다. 방안의 온기로 추운 밤의 몸과 마음을 따스하게 녹였다는 이야기는 당시 발굴일지에 한 구절도 적혀 있지 않다. 어려운 여건 속에서 발굴조사는 단 하루의 휴일도 없이 강행되었다.

위에서 열거하였듯이 발굴 현장과 숙소 형편은 낯설고 힘들었지만(인용문 ㄱ~ㅅ 참조), 발굴대원 모두는 이번 발굴 작업이 일제강점기를 거치며 잘못 엮어진 우리 역사의 체계를 바로 세우는 일과 매우 밀접하게 연관되어 있다는 점을 몸소 느꼈을 것이다. 또한 이런 남다른 분위기 속에서 그들은 각자 맡은 바의 역할에 대해서도 책임감을 지녔으리라 짐작된다.

11월 13일 오전 10시 59분에 첫 삽을 뜨며 석장리 구석기 유적의 발굴 작업은 비로소 감격스러운 첫발을 내딛게 되었다(김상헌, 1964). 유물은 15일부터 출토되기 시작하였다. 16일에는 흑요암

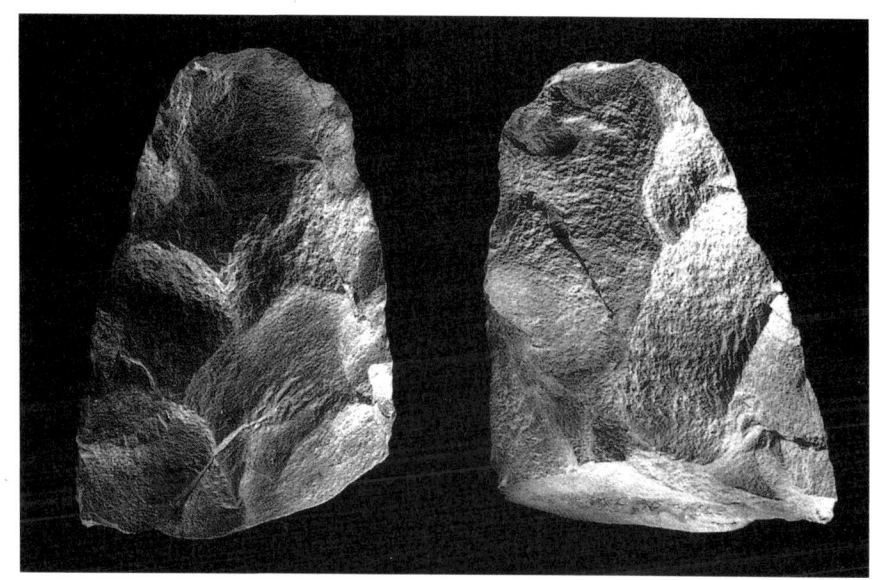

삽도 2 왼쪽 아랫부분은 1964년 11월 16일 발견된 흑요암 돌날 조각(등록번호: 11-40-41. 이 돌날의 윗부분은 1965년에 발견됨). 오른쪽은 11월 17일 발견된 주먹도끼 윗부분 조각(등록번호: 11-36-49). 〔출처〕 왼쪽: 연세대학교 박물관, 오른쪽: 석장리박물관(2006).

돌날(크기: 52×10×6㎜)의 첫머리 부분proximal part에 속하는 유물(조각)이 발견되었다(김상현, 1964).[10] 그리고 17일에는 주먹도끼의 윗부분에 해당하는 조각(크기: 92×62×33㎜)[11]이 각각 발견되기도 하였다(삽도 2).

석장리 유적의 1차 발굴에서 얻은 초보적 성과는 《동아일보》(1964년 11월 18일), 《중도일보》(1964년 11월 19일), 《연세춘추》(1964년 11월 23일), 《조선일보》(1964년 11월 24일) 등의 신문(**신문보도 1~3, 부록 2-2, 2-3, 2-4 참조**)과 라디오 아침 방송(11월 18일)[12]을 통하여 처음으로 일반인에 널리 알려졌다.

발굴을 진행하는 동안 유적 현지 측량, 발굴 단면 작성 및 사진 촬영은 정명호, 그리고 출토 유물

---

10) 이 유물은 17일에 수거되었다. 《정명호 1964 발굴일지》의 기록에 따르면 "손 박사(孫博士)께서 흑요석(黑曜石)의 장(長) 약(約) 0.15 되는 세석도 편(細石刀片)을 채취(採取)하였다."고 쓰여 있다. 〈삽도 2, 왼쪽 돌날〉의 아랫부분 조각의 길이는 약 15㎜이다.

11) 유물 사진은 《公州石壯里無土器文化》(손보기, 1965b), 《韓國考古學槪論》(김원룡, 1966)에 실린 바 있다.

12) 이융조(1964)는 다음과 같이 표현하였다. "라디오 방송에서 우리들의 발굴을 발표할 때에는 야릇한 흥분마저 느끼다. 그러나 곧 현장에 나가야 할 시간."

신문 보도 1 석장리 유적의 첫 발굴 성과를 알리는 《동아일보》(1964년 11월 18일).

등록과 정리는 김상헌이 각각 담당하였다. 1차 발굴의 조사 기간은 유적의 현지 측량이 시작된 날을 포함하여 1964년 11월 10일~29일[13]로 문화재관리국에 보고되었다(부록 1-11). 11월 29일, 출토 유물의 수량이 많아 석영제로 추정되는 것은 공주에서 정기화물로 운송키로 하였으며, 토양 시료와 주요 유물은 공주보건소 차를 이용하여 반출되었다(손보기, 1964; 정명호, 1964). 한편 미완성의 발굴 단면도를 마무리하고자 정명호는 12월 5일까지 현장에 남아 있었다(정명호 1964; 2008 참조).

일제강점기 이래 오랫동안 한국의 선사 문화는 신석기시대부터 비롯하는 것으로 생각되어 왔다. 그렇지만 그러한 시간적인 장벽은 석장리 유적의 발굴 덕택에 여지없이 허물어지기 시작하였다. 다시 말해서 이 땅에서 전개된 선사 문화의 출발점은 신석기시대보다 훨씬 오래된 시기, 곧 구석기시대로 올라간다는 사실이 명확하게 드러났다. 요컨대 석장리 유적의 발굴 성과는 일제 식민지사관으로 인한 그릇된 편견을 바로 잡고, 한국 선사시대의 편년 체계를 새로운 시각에서 접근할 수 있도록 해주는 결정적 근거가 되었다(손보기, 1964b). 이와 함께 석장리와 굴포리에서 드러난 구석기 유적의 존재는 동북아시아의 지리적 배경에서 한반도가 결코 구석기 문화의 공백 지대가 아니었다는 공감대를 마련하는 데 이바지하였다.

석장리 1차 발굴에서 조사된 층위 구분의 초보적인 현황은 〈公州石壯里無土器文化〉(손보기, 1965b)에서 간략하게 언급되었다. 그 후 손보기 교수는 앤아버Ann Arbor(미시간주)에서 열린 제27차 국제동양학자대회27th International Congress of Orientalists(1967년 8월 3~19일)에 참가하여 그간의 성과를 국외

---

13) 당시의 발굴 허가 기간은 1964년 11월 12일~26일(15일간)이었다(부록 1-9 참조).

〈우리나라 최초의〉
구석기시대 유물 발굴

한국 상고사 전복될 가능성 짙어
20일 현재 손도끼, 돌칼 등 160여점

▶……지난 12일부터 충남 공주군 금강유역에 있는 장기면 석장리 93번지 일대를 발굴하고 있는 본 대학교……◀
▶……석기시대 유물 발굴대는 20일 현재 지표하 6m 암반하 11m 지점까지 파고 들어가 충적층(지표에서부─◀
▶……터 10m 미만)을 지나 홍적층에 들어가고 있는 것으로 인정되며 3개의 석층과 4개의 점토층을 파헤쳐……◀
▶……많은 유물을 발굴함으로서 다대한 성과를 거두고 있다. ………〈현지에서 본사 황용남 특파원 보도〉……◀

제 378 호
1964년
11월 23일

지금까지 출토된 유물은 토하의 돌과 같이 견고한 점토층과 석층에서 나오고 있는데, 0일 현재까지 채집된 것은 다음과 같다.
① 혼사점토층(混砂粘土層)에서 식물부식질(植物腐蝕質)을 채집
② 제2 황갈색점토층에서 카본(목탄)을 채집하고 소토(燒土)를 발굴
③ 제1 석층하 혼석점토층(混石粘土層)에서 카본 채집
④ 제2 석층하 점토에서 카본층을 발굴하고 카본을 채집
⑤ 제3점토층에서 반암(斑岩) 계통의 후레이크(剝片石器)를 다수 발굴.
⑥ 제3 점토층 4m～5.5m 지점에서 핸드 액스(손도끼 3종 (Core-biface Monoface)각 2점 경석질(硬石質)와 마이크로 블레이드(석검의 날)3점 프로젝타일 블레이드(尖石끼)3점 스크레이퍼(削石器)6점 쿱퍼(石斫刀) 그레이버(彫剔끼)4점, 햄머2점 코어노둘(석기를 만들고 남은 석재)1점 후레이크70여점과 폴렌데스트(花粉檢査分析) 토양집을 채집
⑦ 제3석층은 비교적 깊고 그 이하의 제4점토층을 발견하였

고 4미터나 발굴하였는데도 앞으로 점토층이 더 많이 있을 것으로 예상되며 본 기자가 취재하고 있는 지금도 쿱퍼 프로젝타일블레이드 카본을 포함한 카본층이 새로 나오고 있으며 지금까지 도합 160여점의 구석기시대의 유물로 추측되는 석기다.

이번 발굴에는 지난 18일 발굴위원장인 본 대학교 조의설 부총장도 다녀 갔으며 공주 교육대학을 비롯한 인근 각 금학교에서 견학을 와 발굴에 다소 지장을 주고 있는 형편이며 천막등을 빌려주어 도움도 받고 있다.

한편 이번 발굴대의 대장으로 총지휘를 담당하고 있는 사학과의 손보기 교수는 현재까지 우리나라의 석기시대 유물은 모두 신석기시대의 유물로서 토기가 섞여 나왔으

나 이번 발굴에는 토기는 일체 찾아 볼수가 없고 오직 석기만이 출토 되고 석기를 만든 수법으로 미루어 보아 대략 구석기 말기(2만년─3만년) 내기 그 이상으로 추정되나 확실한 연대는 카본테스트로 측정할 수 있다"고 말하고 있는데 따라서 종래의 일본 학자와 지금 까지의 국내 학자들이 주장 해온「우리 나라의 상고사

에 있어 신석기 시대 이외에는 구석기 시대가 존재하지 않는다는 학설」은 완전히 전복될 가능성이 농후해졌다.

그런데 이번 발굴기간은 지난 12일 부터 오는 25일 까지 2주일간을 예정으로 발굴을 착수 했으나 의외로 굳은 점토 층과 예상 하지 않았던 새로운 층이 속속 나타남으로 앞으로 2주 일은 더 발굴해야 소기의 목적을 이룰수 있다고 하는데 경비 관계로 오는 25일 이후에는 발굴이 중단될 형편이므로 학교 당국의 시급한 보조가 요청되고 있다.
〈사진은 지하 6m의 발굴 현장에서 유물들을 골라내고 있는 대원들과 각처에서 발굴된 유물중의 하나인 돌망치이다.〉

신문 보도 2 석장리 유적의 첫 발굴 성과를 알리는 《연세춘추》(1964년 11월 23일).

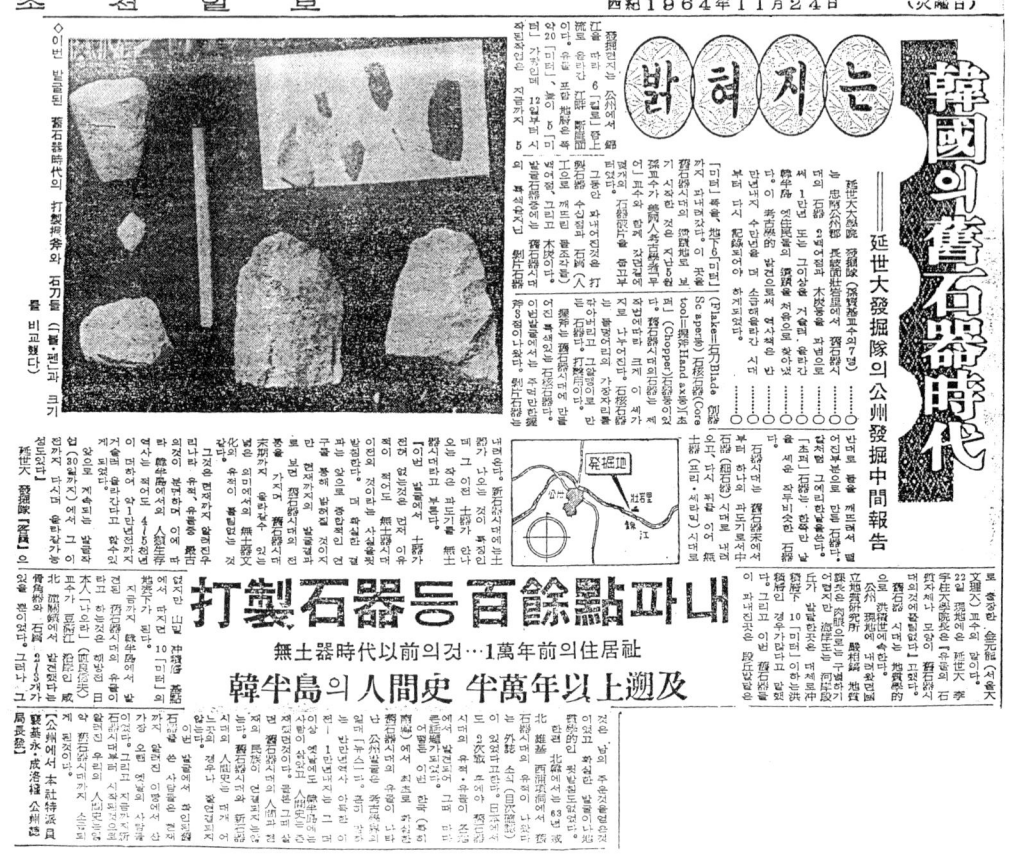

신문 보도 3 석장리 유적의 첫 발굴 성과를 알리는 《조선일보》(1964년 11월 24일).

에 알렸다(손보기, 1967). 김원룡 교수는 〈公州石壯里無土器文化〉(손보기, 1965b)의 내용을 정리하여 《Asian Perspectives》(하와이 대학교)에 발표한 바 있다(Kim, 1967). 한편 북한 고고학에서 석장리 유적의 출토 유물에 관한 내용이 언급되기 시작한 것은 1970년대 말(력사연구소, 1979)부터라고 가늠된다.

2장

석장리와 굴포리(도유호: 남북 고고학의 학술 교류 제안)

　북한 고고학에서는 굴포리 구석기 유적의 1차 발굴(1963년 4월 10~26일)에서 얻은 유물이 유럽의 것과 비교해서 다른 성격을 지닌 것으로 이해하였으며, 그처럼 독특한 모습을 지닌 석기군을 가리켜 '굴포문화'라고 명명하였다(**부록 2-1**; 고고학연구소, 1963a). 그리고 2차 발굴(1963년 7~8월)을 통하여 굴포리 구석기 유적의 지층과 문화층은 '굴포문화 1기(중기 구석기시대)'와 '굴포문화 2기(후기 구석기시대)'로 구분되었다(도유호, 1964). 또한 3차 발굴(1964년 6~7월) 동안에는 굴포리 유적에서 서북쪽으로 약 5km 떨어진 부포리 덕산 일대를 조사하였고, 여기서 채집된 돌감〔각암(각혈암hornfels)〕과 석기 종류는 굴포문화 2기에 해당하는 것으로 발표되었다(도유호·김용남, 1965).

　한편 1966년 4월부터는 고고학, 고동물학, 인류학 전문가들로 구성된 연구 집단이 상원 검은모루 동굴유적(평양시, 현재는 황해북도 편입)의 발굴조사에 참여하였다(고고학연구소, 1969). 굴포리 한데유적의 뒤를 이어 검은모루 동굴유적에 대한 발굴조사가 진행되는 학술적 분위기를 기반으로 북한 고고학을 대표하는 도유호(원사, 교수, 력사학 박사)는 1966년 5월 11일 〈우리 나라 구석기 시대 연구를 위하여〉라는 제목의 글을 《로동신문》에 기고하였다(**신문 보도 4, 부록 2-8 참조**). 이 기고문의 보도 일자는 석장리 유적의 3차 발굴(1966년 4월 3일~5월 10일)이 끝난 바로 다음 날이었다.

　앞에서 언급한 것처럼 굴포리 구석기 유적에서 얻은 첫 발굴 소식은 《로동신문》(1963년 5월 4일)을 통하여 널리 보도되었다(**부록 2-1**). 또한 과학원 소속 '고고학 및 민속학 연구소'(소장, 도유호)의 기관지인 《고고민속》(발표문 1), 그리고 '력사연구소'(소장, 김석형)의 기관지인 《력사과학》에도 '굴

함경 북도 웅기군 굴포리 서포항동에서 구석기 시대 유적 발견

우리 나라 령역 내에 구석기 시대의 인류가 살았으리라는 것은 오늘까지 추측일 따름이였고 미해결 문제로 남아 있었다. 지금까지 지질학적 제 4 기층에서 턴 코끼리와 서우 등 화석 동물의 유골은 함경 북도 화대군 장덕리를 비롯한 여러 곳에서 발견한 일이 있으나 구석기 시대 인간이 쓰던 유물은 발견한 일이 없었다. 그러나 우리 나라의 유구한 력사를 밝히고 고귀한 문화 유산을 계승 발전시킬 데 대한 수상 동지의 교시를 높이 받들고 과학원 고고학 및 민속학 연구소 고고학 연구실 연구 집단은 구석기 시대 유적을 발견하여 우리 나라 력사의 유구성을 증명하기 위해 부단히 연구 사업을 진행하여 왔다. 그 결과 함경 북도 웅기군 굴포리 서포항동에서 구석기 시대의 유물을 발견하였다.

웅기군 서포항동에는 신석기 시대에서 청동기 시대에 이르는 여러 시기의 집자리가 층층으로 겹 놓인 조개무지 유적이 있으며 그것을 대상으로 하여 1960년부터 이 곳에서 해마다 발굴을 진행하여 왔다. 1962년에는 이미 설정한 구획 내의 조개무지층 발굴을 일단 결속 짓고 그 밑에 놓인 지층 경형을 조사하게 되였는바 조개무지 밑에 놓인 붉은 진흙층에서 차돌(석영석)로 만든 타제 석기 한 점을 발견하였다. 그 후 고고학 연구실에서는 이 유물을 여러 가지 측면으로 대비 연구한 결과 구석기 시대 유물이라는 것을 확인하였으며 이것을 단서로 구석기 시대 유물을 목적한 조사 사업을 다시 조직하고 금년 4월 10일~26일 간에 현지를 조사하였다. 그리하여 지표 하 220 cm에 달하는 신석기 시대 문화층 밑에서 여러 개의 구석기를 더 발견함으로써 지난 해의 성과를 과학적으로 더욱 확증하였다. 즉 이 곳 신석기 시대 문화층 밑에는 두께 약 75 cm의 사질 양토층이 있고 그 아래에 두께 100 cm 정도의 붉은 갈색의 진흙 층이 있는데 이 두 지층 경계 부분에서 타제 석기 3 점을 발견하였고 붉은 갈색의 진흙층에서 역시 타제 석기 2 점을 발견하였다. 지난 해에 발견한 타제 석기도 이 붉은 갈색의 진흙층에서 나왔다.

석기의 자료로는 차돌(石英), 혈암(頁岩) 등을 썼으며 석기 제작에는 주로 랑민 가공 기술을 썼다. 석기의 형태로 보아 수만 년 또는 그 이전 시기의 구석기 시대라고 인정된다. 발견된 석기는 구라파 구석기 시대의 것과는 매우 다른 것이다.

우리 나라의 고고학자들은 독특한 모습을 보여 주는 이 유물군을 《굴포 문화》라고 명명하고 그 연구 사업에 력량을 집중하고 있다.

여기서 나온 유물과 류사한 것은 쏘련 연해주에서 나온 일이 있는바 그 곳 지층 조건도 류사하다.

발표문 1 굴포리 유적의 발굴과 '굴포문화' 명명. 〔출처〕 고고학 및 민속학 연구소(1963a).

포 문화'에 대한 발굴 성과가 동시에 발표되었다(고고학 및 민속학 연구소, 1963a; 력사연구소 1963 참조). 이와 같은 점은 "굴포리 구석기 유적의 발견이 우리나라 원시시대 연구에서 하나의 획기적인 사건"(고고학 및 민속학 연구소, 1963b)으로 평가를 받았다는 사실을 반영한다. 요컨대 해방 이후 북한에서 발굴된 유

신문 보도 4 남북 고고학의 학술 교류를 제안한 도유호의 《로동신문》 (1966년 5월 11일) 기고문.

적 중에서 학계를 비롯한 사회 전반에 걸쳐 가장 큰 관심의 대상으로 떠오른 곳이 바로 굴포리 구석기 유적이라 말할 수 있다.

　당시 남한의 정치적 여건에서 그와 같은 내용을 직접 대하는 일은 불가능하였지만 일부 전문가들은 굴포리 서포항에서 구석기 유물이 발견되었다는 소식을 어느 정도 인지하고 있었던 것으로 추정된다(김원룡, 1964; 《조선일보》 1964년 11월 24일). 그 후 굴포리 구석기 유적에서 얻은 고고학적 성과는 일본을 경유하여 남녘에 공개적으로 알려지게 되었다고 생각된다. 도유호(1964)의 논문이 일본어로 번역되어 《考古學雜誌》(50권 3호, 1965년 1월 발행)[都宥浩(鄭漢德 譯), 1965]에 게재되었고, 이를 계기로 남한 학계에서는 굴포리 구석기 유적에 관한 내용을 공개적으로 접할 수 있었던 것으로 판단된다.

　석장리 유적의 발굴 소식이 북한에 알려진 경위에 대해서는 정확하게 확인할 길이 없다. 다만 《로동신문》에 실린 도유호의 기고문을 통해서 분명히 읽을 수 있는 것처럼 당시 북한 학계는 석장리 유적과 관련된 전반 사항을 비교적 소상하게 알고 있었다고 짐작된다. 손보기는 〈韓國에도 舊石器時代〉(《동아일보》 1966년 3월 19일)라는 기사에서 공주 석장리 유적의 연대 측정을 위하여 그동안 채집된 목탄 시료를 1965년 9월 말 캘리포니아 대학에 보냈다는 사실을 전하며 다음과 같은 내용을 언급하였다.

> 1930년대에 두만강 강안江岸인 동관진潼關鎭에서 구석기시대의 유물로 보이는 파편 2점이 발견된 일이 있었다. 그러나 일본학자들은 한국의 민족사가 신석기시대에 비롯된다는 사실을 고의로 왜곡하려는 저의에다 고고학적인 지식까지 모자라 그대로 묵살하고 말았었다. 한편 63년에는 함북 웅기 근방의 굴포리屈浦里에서 구석기시대의 유물이 발굴되었다는 사실이 일본의 《考古學雜誌》에 발표되었으나 과학적인 방증 없이 형태와 제작 수법만에 의해 결론지은 것이었다. (〈韓國에도 舊石器時代〉, 《동아일보》 1966년 3월 19일)

윗글에서 손보기는 다음과 같은 두 가지 점을 지적하였다. "첫째, 동관진(옛 행정 구역: 함경북도 종성군 동관리, 현 행정 구역: 함경북도 온성군 강안리)에서 출토된 흑요암 유물은 구석기시대로 간주된다. 둘째, 굴포리 구석기 문화층의 형성 시기를 제대로 밝히려면 연대 측정과 같은 자연과학 분야의 분석 결과가 뒷받침되어야 한다." 그러나 그와 같은 지적사항에 대하여 도유호(1966)는 동의하지 않았다. 그는 먼저 공주의 금강 언저리에서 구석기가 발견된 것은 반가운 소식이라고 언급하면서 "첫째, 동관진에서 출토된 구석기형 유물은 구석기시대의 것으로 인정되지 않는다. 우리나라에서 맨 처음 찾은 구석기는 1962년 가을 굴포리 유적에서 출토된 밀개(굴포문화 2기)이다. 둘째, 연세대학교의 모 교수는 '굴포 문화'의 발굴 현장과 유물을 직접 보지 않았던 까닭에 '굴포 문화'에 대한 상세한 연구 결과를 알지 못한다."고 말하였다.

> 구석기에 관한 소식은 남녘땅에서도 들려온다. 1964년에 우리는 그런 소식을 들었었는데 최근에 또 그런 소식을 들었다. 유적은 충청남도 공주군 금강 상류에서 알려졌다고 하며 서울 연세대학교의 모 교수가 연구한다고 한다.
> 아직 자세한 발굴 보고가 나오지 않아서 구체적인 것을 잘 알 도리가 없으나 남조선에서 구석기시대의 유물이 발견된다는 사실은 매우 기쁜 일이라 아니할 수 없다.
> 더욱이 고고학을 연구하는 사람으로서 우리는 공주의 구석기를 좀 더 구체적으로 보고 싶은 생각이

북받쳐 오름을 금할 수 없다. 그러나 조국이 남북으로 갈라져 있는 형편에서 그렇게 할 수 없다. 이것은 실로 가슴 아픈 일이다.

짐작컨대 연세대학의 그 교수 역시 우리가 발굴한 굴포 문화에 대한 소식을 들은 것 같다. 그것은 남조선의 한 신문이 '굴포문화'에 대하여 그가 한 말을 소개한 사실을 보고도 알 수 있다.

그런데 이 글을 보게 되면 그 교수가 '굴포 문화'에 대한 우리의 연구 결과를 상세히 알지 못하고 있다는 것을 알 수 있다. 그것은 그가 '굴포 문화'의 발굴 현장과 유물들을 보지 못한 데서 온 것이라고 생각한다. (중략).

해방 전에 두만강 류역 동관에서 털코끼리(마모드)의 화석이 나온 일이 있다. 그 후 나오라는 일본 학자는 그 부근에서 나온 구석기형의 석기를 가지고 구석기 시대를 론한 바 있다.

그러나 그것이 잘못임을 어용학자 후지다도 이미 지적한 바다. 〔도유호, 〈우리 나라 구석기 시대 연구를 위하여〉, 《로동신문》 1966년 5월 11일〕

《조선 원시 고고학》에서 도유호(1960:6)는 "고고학의 연대 추정에 형태론적 비교 방법과 방사성탄소 연대 측정 방법이 이용될 수 있으며, 후자의 경우 최근에 들어와 적지 않은 성과를 이루어내고 있다."고 서술한 바 있다. 그런데 그와 달리 지금에 와서 도유호는 석장리 유적에서 추진하는 방사성탄소 연대 측정 방법의 활용 방안을 가리켜 '궁색한 노릇'이라며 다음과 같이 표현하였다.

여하간 우리는 남조선 학자들이 북반부의 고고학 형편을 상세히 알 수 있는 기회가 있게 되기를 바랄 뿐이다. 우리도 남반부의 사정을 상세히 알고 싶다.

남조선 사정을 잘 모르고 있는 형편에서 우리는 공주에서 나온 유물에 무어라고 말할 수 없다. 다만 여기에서 필자는 가슴에 맺히는 사실에 대하여 이야기하려 한다.

공주에서 나온 석기가 구석기형을 처음 알아낸 사람이 미국인 무어라고 한다.

미국 위스콘신 대학의 한 개 연구생에 지나지 않는 미국인 무어가 우리 나라 력사를 잘 알리 없거니와 또 안다고 하면 얼마나 알겠는가. 또한 공주 유적에서 나온 석기와 일정하게 관계있는 숯의 년대 추정을 미국 캘리포니아 대학에 의뢰하였다고 하는데 과연 어떻게 해야만 하는가.

만일 남북의 고고학자들이 힘을 합친다면 이런 궁색한 노릇을 하지 않아도 될 수 있지 않은가. 〔도유호, 〈우리 나라 구석기 시대 연구를 위하여〉, 《로동신문》 1966년 5월 11일〕

방사성탄소 연대 측정법의 효용성을 누구보다도 일찍이 이해하고 있었던 도유호가 그런 역설적인 표현을 서슴지 않았던 까닭은 어디에서 연유되는지 궁금하다. 잘 알려진 것처럼 굴포리 구석기 유적의 발굴은 '고고학 및 민속학 연구소'에 의하여 이루어졌고, 도유호는 연구소 소장으로 재임하며 발굴조사를 주도적으로 이끌었다. 비록 굴포리 유적에서는 방사성탄소 연대 측정이 이용되지 않았지만, 체계적인 발굴조사와 그에 따른 연구 성과를 토대로 굴포문화 2기는 후기 구석기시대에 속할 가능성이 크며, 굴포문화 1기는 10만 년 전으로 올라간다는 결론에 이르렀다(도유호, 1966). 이렇듯 학술적으로 자신감 넘치는 도유호의 입장에서 접근할 때, 석장리 유적에서 출토된 구석기형의 석기가 구석기시대의 유물임을 확증하는데 가장 먼저 해결되어야 할 과제는 바로 남북 고고학자들이 서로 힘을 합쳐 새로운 대안을 찾아나서는 일이라고 요약될 수 있다.

국토를 갈라놓은 장벽이 허물어지고 나라의 통일이 이루어진다면 지금처럼 남북에서 학술적 가치가 있는 유적을 발굴하고도 그 내막을 서로 알지 못하는 일이 없을 것이다. 그렇다고 국토 통일이 이루어지기를 기다리고만 있을 수도 없다. 우리는 오늘의 조건하에서 남북 학자들의 노력을 합칠 수 있다고 생각한다.
나는 이와 관련하여 몇 가지 의견을 제기하려고 한다.
첫째로 남북한 고고학자들이 유적 발굴 보고와 연구 성과를 서로 교류하는 것이다. 이것은 현재의 조건하에서도 서신 거래와 같은 방법을 리용한다면 십분 가능하다.
둘째로 남북의 고고학자들이 래왕하는 문제이다. 서로 래왕한다면 남북의 유적과 유물을 직접 볼 수 있을 것이며 한자리에 모여 앉아 발굴 경험을 교환하며 학술 토론을 하는 등 방법으로 서로의 연구 성과를 교환할 수 있을 것이다.
더 나아가 남북의 학자들이 공동으로 유적 발굴과 연구 사업을 진행할 수도 있을 것이다. 이것은 우리의 노력을 합치는 매우 좋은 방도라고 말할 수 있다.
셋째는 연구 성과를 공동으로 출판할 수 있다고 본다. 남북 학자들의 발굴 보고와 기타의 학술 보고 및 론문을 담은 이러한 출판물은 정기적 혹은 비정기적으로 출판할 수 있다. 출판은 평양과 서울에서 번갈아 하는 방법을 취할 수 있을 것이다.
어쨌든 자기 나라 강토에서 발굴되거나 발견되는 유적과 유물을 두고 남북의 학자들이 그것을 모르고 지날 수 없다. 더욱이 고고학은 유적과 유물을 서로 확인하고 비교함으로써만 그 연구를 더 잘 완성할 수 있다.
이것은 우리의 간절한 심정이다.
나는 남조선 고고학자들도 이 문제를 학구적 립장에서 진지하게 생각하고 타개책을 강구할 것을 바

라며 확신한다. 〔도유호, 〈우리 나라 구석기 시대 연구를 위하여〉, 《로동신문》 1966년 5월 11일〕

남북 고고학의 쌍방 발전을 도모하기 위한 방안을 도유호는 위와 같이 제안하였다. 그 제안의 큰 줄거리는 북녘의 굴포리 유적과 남녘의 석장리 유적을 중심에 두고 엮어졌다. 지금부터 약 60년 전에 발표된 제안이었지만 그 제안에는 오늘날에도 귀감이 되는 남북 고고학의 학술적, 인적, 물적 교류 방안이 두루 담겨 있다. 특히 도유호는 남북 분단의 현실적 여건에서도 '유적 발굴 보고와 연구 성과'를 서로 교류하는 일이 가능하다고 역설하였다.

끝으로 도유호는 자신이 제기한 글을 마무리하며 "나는 남조선 고고학자들도 이 문제를 학구적 립장에서 진지하게 생각하고 타개책을 강구할 것을 바라며 확신한다."고 덧붙였다. 그렇지만 도유호의 희망 어린 기대는 실현될 수 없었다. 다시 말해서, 당시 남한에서는 민사당民社黨(가칭)이 제기한 남북의 부분 교류(서신 교류, 기자·문화인·체육인 교류, 친척 교류) 인정 문제를 둘러싸고 정치적으로 상반된 주장이 강하게 표명되고 있었기 때문이었다(《조선일보》 1966년 5월 14일 참조).[1]

《로동신문》은 북한 정권을 공식적으로 대변하는 조선노동당의 기관지이다. 그렇기 때문에 도유호의 기고문이 《로동신문》에 실렸다는 자체는 기고문의 작성이 단순히 도유호의 개인적인 의사 표명에 국한된 것이 아니라는 점을 간접적으로 보여준다. 다시 말해서 그 기고문에는 당시 남한의 정치계에서 논란의 대상으로 불거진 남북 쌍방의 부분 교류 문제에 대한 북한 정권의 입장이 반영되어 있었음을 엿볼 수 있다. 이와 더불어 거기에는 북한 정권 수립 이후 북한 학계가 구석기 고고학 분야에서 쌓아 올린 학술적 자부심이 깃들어 있었다고 판단된다(한창균, 2017b:440-441).

이로부터 무려 38년이라는 세월이 지난 뒤, 남측(한국토지공사 토지박물관)과 북측(사회과학원 고고학연구소)은 공동조사단을 구성하여 개성공업지구 공장구역(1단계)[2]에 대한 지표 조사를 2004년에 실시하였다. 이 과정에서 구석기시대의 석제품이 발견되었다(한국토지공사 토지박물관 외,

---

1) 예를 들어 당시 정일권(丁一權) 국무총리는 "부분 교류가 국시(國是) 위반"이라고 언급하였다(《조선일보》 1966년 5월 14일). 한편 1966년 12월 27일, 서울형사지법 선남식(宣南植) 판사는 서민호(徐珉濠, 민사당 창당 준비위원장)가 주장한 남북교류론에 대해서는 "범의(犯意)를 인정할 수 없다."는 이유로 무죄, 그리고 김일성과의 직접 면담 부분에 대해서는 "반국가 단체인 북괴(北傀)를 합법정부인 대한민국과 동등하게 취급했다."는 이유로 유죄를 각각 선고하였다(《동아일보》 1966년 12월 27일 참조).
2) 1단계 조성 부지는 사천강 언저리의 나지막한 구릉지대에 위치하며(한국토지공사 토지박물관 외, 2005), 이 강은 임진강 하류(경기도 파주시 장단면 정동리)로 흘러든다. 구석기는 사천강 남쪽(1지점, 2지점)에서 채집되었다.

2005; 고고학연구소, 2005).[3] 2005년에 공장구역(1단계)에 대한 남·북 공동 발굴조사가 이루어졌으나 구석기 유적은 확인되지 않았다. 한편 2006년에는 '북녘의 문화유산'이라는 제목의 특별전이 국립중앙박물관과 국립대구박물관에서 개최되었고, 구석기시대의 유물로는 검은모루유적의 석기와 동굴곰 화석, 덕천 승리산 유적의 쌍코뿔이 화석이 전시되었다(국립중앙박물관, 2006).

---

[3] 당시까지 북한의 한데유적에서 구석기가 발견된 곳은 함경북도 지역(온성군 강안리와 지경동(력사연구소, 1979), 웅기군 굴포리와 부포리)에 국한되어 있었다.

3장

자연과학 분석

　일찍이 도유호(1957)는 고고학과 여러 자연과학 분야(지질학, 고생물학, 화학, 물리학 등)의 학제 간 공동 연구는 고고학 연구를 진행하는 데 매우 중요한 의의를 지닌다고 강조하였다. 그는 지질학자, 고생물학자, 동물학자, 고고학자가 참여한 장덕리 유적(함경북도 화대군)의 발굴조사를 실례로 들었다(도유호, 1962).

　석장리 유적의 1차 발굴 성과를 알리는 글(《연세춘추》 1964년 11월 23일, 1964년 11월 30일; 손보기, 1964b; 1965b)에는 발굴조사를 진행하는 동안 목탄과 화분(꽃가루) 분석용 토양이 채집되었다는 점이 기술되어 있다. 전자는 유적의 방사성탄소 연대 측정, 그리고 후자는 식물상(flora)에 의한 고환경 복원과 관련을 맺는다. 안타깝게도 당시에는 연대측정 시설을 갖춘 기관뿐만 아니라 꽃가루 분석을 감당할 전문 인력이 제대로 마련되어 있지 않았다고 생각된다. 그렇지만 이런 자연과학 분야의 현실적인 제약과 한계는 국내 학자들의 노력에 힘입어 석장리 유적을 중심으로 조금씩 극복되기에 이르렀다. 1960년대 말의 방사성탄소 연대 측정(양경린, 1969)과 1970년대 초의 꽃가루 분석과 목탄의 수종 식별(손보기, 1973a)이 바로 거기에 해당한다고 볼 수 있다. 한편 과학적 기법의 고고학 적용 사례, 다시 말해서 다양한 고고 과학archaeological science 분야의 연구(Brothwell and Higgs eds., 1963; 1969)가 활발하게 이루어지기 시작한 1960년대의 시대적 학술 여건(콜린 렌프류·폴 반 지음, 이희준 옮김, 2006)도 석장리 유적의 연구에서 자연과학적 접근(삽도 3)이 밀접한 관련을 맺는 데에 이바지한 바가 있었다고 판단된다.

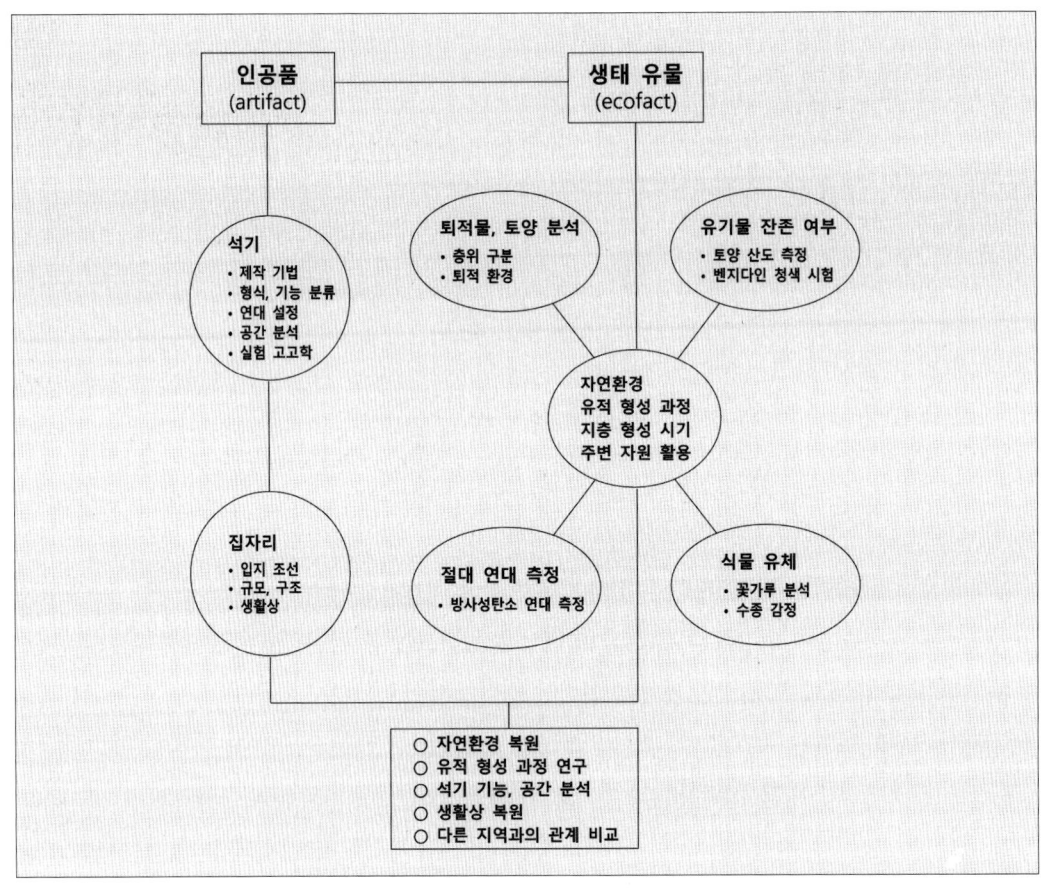

삽도 3 석장리 유적에서 이루어진 인공품과 생태(자연) 유물 연구의 상호 관계. 〔출처〕 한창균(2015).

3-1. 《먼셀흙빛깔표 Munsell Soil Color Charts》

    토양 또는 퇴적의 빛깔을 정확하게 가려내는 것은 토양 층위soil horizon와 고고학 층archaeological layer을 체계적으로 기술하는 데 필요할 뿐만 아니라 토양의 성질, 생성 조건, 구성 성분 등을 살피는 데도 주요한 역할을 한다. 예를 들어 토양 단면에서 관찰되는 붉은 빛깔은 산화철iron oxide 또는 적철석hematite 성분 등에 기인할 수 있다(Cornwall, 1961:118-120; Butzer, 1970:170-171).

    토양의 흙 빛깔은 표준화된 색 체계를 적용한 《먼셀흙빛깔표 Munsell Soil Color Charts》에 따라 표기될 수 있다. 이 표에서는 색상hue, 명도value, 채도chroma의 세 가지 요소를 기호화하여 토양의 빛깔을 나타내는 방식을 채택하고 있다.

 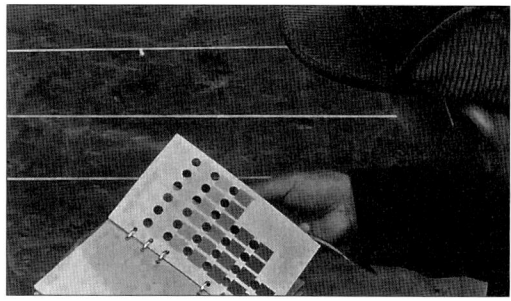

삽도 4 3차 발굴 현장에서 토양 빛깔을 보는 모습. 〔출처〕 공보부(1966).

  1965년 7월, 손보기(Sohn, 19650725)가 모비우스Movius에게 보낸 편지에는 "미국에서의 방사성탄소 연대 측정 절차와 《먼셀흙빛깔표》의 발행처 주소를 알려주기 바란다."는 내용이 들어 있다. 이에 모비우스(Movius, 19650817)는 'Munsell Color Company, Inc.'의 주소와 책값을 알려주며, 이 책은 "구석기 유적을 발굴하는 모든 사람에게 기본적이며 필수적인 중요성basic and fundamental importance을 지닌다."고 강조하였다.

  《먼셀흙빛깔표》는 석장리 유적의 3차 발굴(1966년) 때부터 이용되었다(연박 제71-32호). 당시 현장에서 토양 빛깔을 관찰하는 모습이 《대한뉴우스》(공보부, 1966년 5월 7일)에 담겨 있다(삽도 4). 석장리의 새기개·밀개 문화층(손보기, 1970)과 후기 구석기시대 집자리(손보기, 1973a)에 관한 글에서 Ⅳ층(모래염토) 및 Ⅴ층(굳은 염토) 등의 토양 색이 《먼셀흙빛깔표》에 의거하여 기재된 바 있다(표 3 참조).

3-2. 방사성탄소 연대 측정

  1950년대 후반, 도유호(1957)는 방사성탄소 연대 측정법은 앞으로 고고학계에 커다란 변화를 가져다줄 것으로 전망하였다. 그로부터 7년이 지난 다음, 도유호(1964)는 1963년도(1차 발굴: 4월, 2차 발굴: 7~8월)에 이루어진 굴포리 구석기 유적의 발굴 성과를 발표하는 글에서 이 유적의 연대를 연구하는 데는 제4기 지질학과 방사성탄소 연대의 뒷받침이 필요함을 언급하였다. 이와 아울러 그는 굴포리 유적에서는 유기질 유물이 나오지 않았기 때문에 방사성탄소 연대 측정법을 이용할 수 없다고 서술하였다.

  이렇듯 북한 고고학에서는 1950년대 후반부터 구석기 유적의 형성 시기를 밝히는 데 있어 방사성탄소 연대 측정법의 역할이 중요하다는 사실을 인지하였다. 그런데 그에 따른 구체적인 성과를 얻기 위한 작업은 남한의 구석기 유적 현장에서 먼저 실천으로 옮겨졌다.

석장리 유적에서는 1차 발굴 당시부터 방사성탄소 측정에 의한 절대 연대를 구하는 데 이용되는 시료, 곧 목탄의 채집에 주의를 기울였다(손보기, 1964b). 예를 들어 정명호(1964)의 발굴일지를 보면, 그해 11월 17~18일 사이에 '목탄carbon'이 채집되었다는 사항이 기재되어 있다. 이렇듯 목탄 채집은 석장리 유적을 구석기시대에 해당하는 것으로 확증하는 일과 긴밀한 관계를 맺으며 진행되었다(《연세춘추》 1964년 11월 23일; 《연세》 제761호, 1965년 2월 6일 참조).

한편 손보기(1964a)·정명호(1964)·이융조(1964)의 발굴일지에는 11월 23~24일에 채병서[1]가 석장리 유적을 방문한 것으로 쓰여 있다. 이미 알려진 것처럼 한국전쟁 기간 중 남녘으로 내려온 채병서(1961)는 새로운 연대 측정법, 곧 탄소-14와 열발광Thermoluminescence에 의한 연대 측정법[2]을 남한 학계에 처음 소개하였다(이융조, 1975; 최진식, 1988; 주홍규, 2021).[3] 이로 미루어 보아 발굴 현장을 책임 맡았던 손보기와 채병서 사이에 목탄 시료의 채집과 관련된 절대 연대 측정법이 논의되었을 것으로 추정될 수 있지만 현재로서는 그저 짐작에 그칠 따름이다.

1964년의 첫 발굴에 뒤를 이은 발굴조사에서도 방사성탄소 연대 측정에 대한 관심은 연이어 표명되었다(손보기 1965a; 1965b; 1966 등 참조). 그리고 2차 발굴조사가 끝난 이후, 손보기 교수는 석장리 유적에서 목탄이 채집되었다는 사실을 모비우스Movius에게 전하며 방사성탄소 연대 측정 기관, 소요 비용 및 기간 등에 관한 내용을 편지로 주고받았다(손보기, 19650725; Movius, 19650817). 이와는 별도로 1965년 9월, 연세대학교 박물관에서는 석장리 유적에서 채집된 목탄(깊이 4m 채집)을 캘리포니아 대학교에 보낸 바 있다(Sohn, 19650920; 《동아일보》 1966년 3월 19일).

그 후 1969년 7월, 석장리 구석기 유적에서 측정된 방사성탄소 연대(30,690±3,000)가 《동아일보》(1969년 7월 18일) **(신문 보도 5, 부록 2-9 참조)** 및 《조선일보》(1969년 7월 19일)에 보도되었다. 1차 발굴조사가 마무리된 다음 약 4년 8개월 만에 처음으로 얻은 이 연대는 석장리 유적의 형성 시기를 설정

---

1) 이융조(1964)의 일지에는 채병서의 직함이 '단국대학 박물관장'이라고 기록되었다. 채병서는 1961년 9월 1일에 단국대학교 사학과 강사 겸 고고실 직원으로 부임하였고, 1962년 1월 1일에 고고실 행정주임으로 임명되었다. 부임 직후부터 그는 고고실장이라는 직함으로 교외 활동을 하였고, 1966년 8월경에 경희대학교로 전직하였다. 단국대학교 박물관은 1967년에 정식으로 개관되었다(단국대학교 교사편찬위원회, 1997). 이 내용을 알려준 단국대학교 석주선기념박물관의 기수연 학예사님께 감사를 드린다.

2) 채병서가 참고한 것으로 소개된 다음의 글은 열발광법에 의한 내용으로 꾸며졌다. 〈科學ニュース: 新しい年代決定法〉(《科學朝日》, 1960년 4월호, 123쪽). 이 자료를 구해준 김은정 본부장님(라드피온)께 감사를 드린다.

3) 방사성탄소 연대 측정법의 원리, 방법, 문제점, 적용 등에 관한 전반 사항은 김무·양경린(1969)의 글을 통하여 국내에 처음으로 자세하게 소개되었다.

[1면]   [3면]

신문 보도 5 석장리 유적에서 이루어진 방사성탄소 연대 측정 소식을 알리는 《동아일보》(1969년 7월 18일).

하는 데 주요한 길잡이 역할을 하였다. 그 연대가 지니는 의의는 다음과 같이 요약될 수 있다.

"원자력연구소의 방사성탄소 연대 측정 결과 3만 년의 역사를 가졌음이 17일 밝혀져 출토된 석기들이 구석기임이 확증되었다."〔〈공주 先史遺跡 三萬年 측정(1면)〉, 《동아일보》 1969년 7월 18일〕

"국내 구석기문화 발견이 우리 손으로 이루어지고 그 확증까지 국내 과학자가 제공해준 것은 참으로

표 1 석장리 유적에서 처음 얻은 방사성탄소(C-14) 측정 연대. 〔출처〕 석장리박물관.

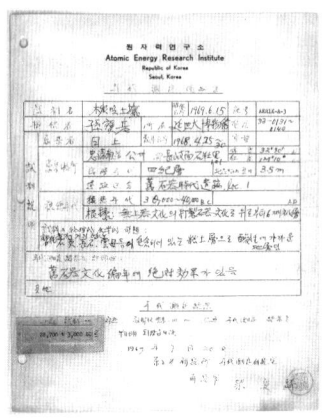

* 위 측정 연대는 다음과 같이 발표되었다.
AERIK-5. Sokchang-ni site, Locality 1. 30,690 ± 3,000 BP (28,740 BC) (Yang, K.R., 1970. Atomic Energy Research Institute of Korea, Radiocarbon Measurements I. *Radiocarbon* 12(2), 350-352.)

원 자 력 연 구 소
Atomic Energy Research Institute
Republic of Korea
Seoul, Korea

연대 측정 명세서

	시료명	목탄 및 토양		제공일자	1969.6.15.	기호	AERIK-A-3
	제공자	손보기	소속	연세대박물관		전화	33-0131~0140
시료설명	채집자	동상	채집일자	1968.4.25.~30.		중량	
	채집장소	충청남도 공주군 장기면 석장리 101				위도	32°30′ N
						경도	127°10′ E
		성층연대	4기층		지표로부터의 깊이		3.5m
		유지구분		구석기시대유적 loc. 1			
	예상연대	예상연대	30,000~40,000		BC		AD
		근거: 무토기문화의 타제석기문화로 위로부터 6째 문화층					
시료의 물리적 화학적 형태 :							
마모도가 거의 없는 석영, 장석, 운모 등이 포함되어 있는 점토층으로 산성에 가까운 지층임							
연대측정 결과의 효용성 :							
구석기문화편년에 절대효과가 있음							
기타							

연대 측정 결과
상기 시료에 대한 방사성탄소-14에 의한 연대 측정 결과는
28,700±3,000 BC로 판명되었습니다.

1969년 7월 20日
원자력연구소 연대측정연구실
연구관 양 경 린

* 해발 고도: 14~15m (1지구)   * 해발 고도: 12~13m (2지구)

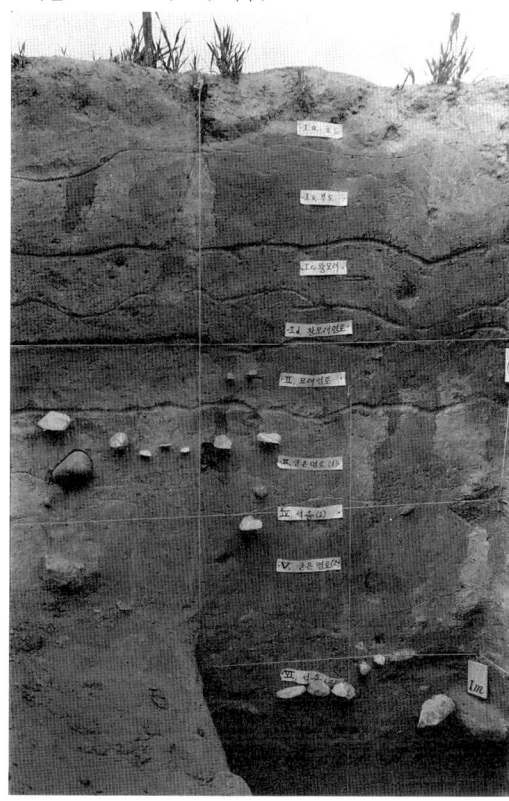

삽도 5 1지구 61구덩(북벽)과 2지구 7구덩(동벽)의 층위 양상(1968년 5차 발굴). 〔출처〕 손보기(1993).

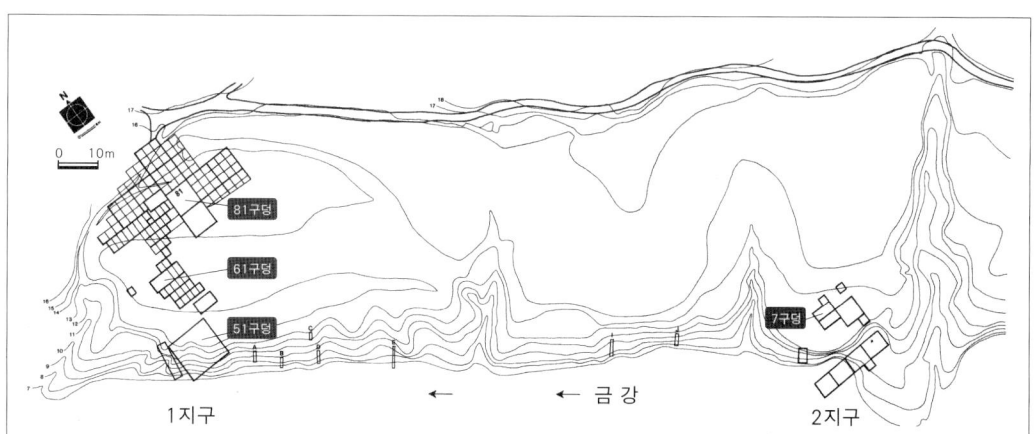

삽도 6 1지구 51구덩, 61구덩, 81구덩 및 2지구 7구덩의 위치.
* 81구덩: 〉 50,270 BP
* 61구덩: 30,690±3,000 BP (약 48~30 ka cal BP, 2편차)
* 51구덩: 20,830±1,880 BP (약 30~21 ka cal BP, 2편차)

3장 자연과학 분석 • 37

⟨표 2⟩ 방사성탄소 연대 측정 시료가 채집된 지층의 층위 관계

손보기(1968a; 1968b)		연대 측정			비고
구분	석기	예상 연대	C-14 연대 (BP) (Yang, 1970)	보정 연대 (cal BP) (OxCal v4.4.4)	
부드러운 염토층 (Ⅳ. 염토)	후기 구석기 (돌날떼기 수법)				명갈색 찰흙
굳은 염토층 (Ⅴ. 굳은 염토)	중기 구석기 이후				암갈색 또는 짙은 갈색 찰흙(첫째 토 양 쐐기 포함)
(Ⅵ. 석층)		3만~ 4만 BC	30,690±3,000	39,660~31,950(1편차) 48,500~30,020(2편차)	
염토층 (Ⅶ. 굳은 염토)	중기 구석기				

기쁜 일이다."〔⟨三萬年을 透視(3면)⟩,《동아일보》1969년 7월 18일〕

한국원자력연구소의 연대측정연구실에서 한 달 정도에 걸쳐 측정된 연대는 1970년《Radiocarbon》(Yang, 1970)에 발표되었다(표 1). 이 연대는 1968년 11월 원자력연구소에 방사성탄소(C-14) 액체섬광계측기Liquid scintillation counter system의 설치가 완료된 이후에 얻은 구석기 유적의 연대이다(《동아일보》 1968년 11월 12일, 1972년 3월 13일).[4]

분석에 이용된 목탄 시료는 5차 발굴(1968년) 기간 중 1지구에서 채집되었다. 목탄은 표토에서 3~4m 낮은 지점에 위치한 여섯째 층에서 찾아진 것이다. 손보기(1968a; 1968b)에 의하면 이 여섯째 층은 굳은 염토층 아래에 놓인 'Ⅵ. 석층(1)'에 해당한다(삽도 5, 표 2). 손보기는 이 석층의 예상 연대를 '3만~4만 BC'로 추정했는데, 그렇게 추정된 연대는 측정 연대(보정 연대)와 비교해서 큰 차이가 없는 것으로 나타난다(표 1~2).

목탄 시료가 채집된 1지구(61구덩)의 퇴적 양상(손보기, 1993:131)은 2지구(7구덩)에서도 공통적으로 관찰된다(삽도 5~6). 61구덩과 7구덩은 직선거리로 약 150m 정도 떨어져 있는데, 두 구덩은 아래에서

---

4) 한국원자력연구소에 방사성탄소 연대 측정 시설이 갖추어지기 이전, 국내 목탄 시료는 다음과 같은 국외 기관을 통하여 분석되었다(김원룡, 1972). ① 미시간대학교의 방사성탄소 연대 측정실(Radiocarbon dating laboratory, University of Michigan), ② Geochron laboratories, Inc.(Cambridge, Massachusetts), ③ 日本理化學研究所.

위로 올라가며 '굳은 염토(Ⅶ층)→석층(Ⅵ층)→굳은 염토(Ⅴ층)→염토(Ⅳ층)' 등이 순차적으로 쌓인 모습을 지닌다. 특히 Ⅴ층(굳은 염토)에는 토양쐐기 구조가 발달되어 있어 주목된다. Ⅵ층(석층)의 방사성탄소 연대를 참고하면 Ⅴ층(굳은 염토)의 형성 시기는 중기 구석기시대 이후, 곧 후기 구석기시대로 편년된다(손보기, 1970). 이러한 점은 Ⅵ층(석층)을 경계로 하여 구석기 중기와 후기의 문화층이 서로 나누어질 가능성이 크다는 사실을 알려준다.

1지구 61구덩에서 알려진 방사성탄소 연대의 뒤를 이어 다음 해에는 같은 지구의 집자리(51구덩)에서 측정된 방사성탄소 연대(20,825±1,880 BP)가 《동아일보》(1970년 9월 3일)에 보도되었고, 《Radiocarbon》(Yang, 1972)에는 20,830±1,880 BP(AERIK-8)[5]로 발표되었다. 61구덩에서 얻은 방사성탄소 보정 연대는 48~30 ka cal BP(2편차)로서 구석기시대 중기/후기의 경계 시기에 해당한다. 반면에 51구덩(Ⅴ층: 굳은 염토)의 집자리에서 얻은 방사성탄소 보정 연대는 30~21 ka cal BP(2편차)에 속한다. 이렇듯 51구덩에서 측정된 방사성탄소 연대는 집자리 및 관련 석제품을 후기 구석기시대로 자리매김하는 데 크게 이바지하였다.

대전-공주 간 도로 개설로 인하여 1990년(11차)과 1992년(12차)에는 1지구 북쪽 일대를 발굴조사가 진행되었다. 81구덩(기준 구덩, 11차 발굴)에서 찾은 목탄의 방사성탄소 연대는 5만 년 이전(〉50,270 BP, Beta-60807)으로 측정되었다. 연대 측정에 이용된 시료는 1지구 61구덩의 'Ⅵ. 석층'보다 아래에 퇴적된 '모난돌+찰흙층'(석층)에서 발견되었다(손보기 1993; 1994c).

3-3. 토양 산도(pH) 측정

한국에서 구석기시대의 동물 화석이 처음 발굴된 곳은 두만강 연안에 자리 잡은 동관진(강안리) 유적이다. 이 유적은 철도 공사(도문선)를 하는 중에 발견되었다. 1933년에 현지 조사가 이루어졌으며, 1935년에 발굴되었다. 발굴 결과, 흑요암 격지(2점)를 비롯하여 털코끼리 *Elephas Mammuthus(primigenius)*, 털코뿔이 *Rhinoceros antiquitatis*, 동굴하이에나 *Hyaena ultima*, 큰뿔사슴 *Megaceros* sp., 옛소 *Bos primigenius* 등 지금은 절멸된 다양한 종류의 동물 화석이 황토 퇴적층에서 발견되었다(德永重康·森 爲三, 1939; 한창균, 2014a 참조).

위와 같은 한데유적(야외유적)의 고고학적 정황을 고려할 때, 석장리 유적에서 초기 단계의 발굴

---

[5] 보정 연대는 다음과 같다. 27,290~23,000 BP(1편차, 68.3%), 30,780~21,260 BP(2편차, 95.4%).

〈표 3〉 석장리 유적에서 측정된 토양 산도

지층	문화층	산도(pH)	빛깔	참고문헌
Ⅳ. 모래 염토	새기개·밀개 문화층	6.52~5.89	10YR 5/6 (yellowish brown)	손보기(1970; 1973)
Ⅴ. 굳은 염토	후기 구석기 집자리	6.93~6.13	10YR 5/8 (yellowish brown)	손보기(1973)

조사가 이루어질 무렵에는 석기뿐만 아니라 동물 화석이 발견될 가능성도 염두에 두었던 것으로 생각될 수 있다. 그런데 1964년에 이어 매년 연차적인 발굴조사가 이루어졌으나 기대했던 짐승 뼈는 한결같이 출토되지 않았다.

뼈의 단단한 부분을 구성하는 무기물(광물)은 주로 인산칼슘calcium phosphate 성분으로 이루어졌는데 칼슘 화합물calcium compound은 흙바탕(토질)이 산성을 띠고 있는 토양에서 대부분 용해될 수 있다. 또한 지속적 또는 계절적인 산화작용의 영향이 관여되면 뼈의 온 부분은 끝내 파괴되기에 이른다(Butzer, 1970:255-256). 그런 까닭에 흙바탕의 성질이 산성인지 또는 알칼리성인지를 밝히는 분석, 곧 산도(pH) 측정값은 짐승 뼈, 또는 뼈연모 및 뼈 조각품 등의 발견 가능성 여부를 예견하는데 유익한 정보를 제공한다. 한편 벤지다인 청색 시험Benzidine blue test[6]은 인(P) 성분을 조사하는 데 쓰인다(손보기, 1966;《연세》 제761호).

산도는 Ⅳ층(모래 염토)과 Ⅴ층(굳은 염토)을 대상으로 측정되었다(표 3). '새기개·밀개 문화층'으로 명명된 Ⅳ층(모래 염토)은 1지구의 퇴적 자름면에서 가장 위쪽에 놓인 문화층에 해당한다(손보기, 1970; 1973a).[7] Ⅴ층(굳은 염토)에서는 후기 구석기시대의 집자리가 발견되었고, 이 층에서 찾은 목탄의 방사성탄소 연대는 20,830±1,880 BP(Yang, 1972; 손보기, 1973a)로 측정되었다.[8]

Ⅳ층과 Ⅴ층의 토양 빛깔은 황갈색 계통에 해당하며, 산도는 Ⅳ층이 약산성~중산성(6.52~5.89, slightly and moderately acidic), Ⅴ층이 중성~약산성(6.93~6.13, neutral and slightly acidic)에 속하는 것으로 각각 측정되었다.[9] 전체적인 측정값은 짐승 뼈의 보존에 매우 불리한 산성의 범주에 든다

---

[6] 실험에는 연세대학교 물리학과 정중현 교수와 조교, 화학과 최재시 교수 및 이대운 선생의 도움을 받았다(손보기, 1966).

[7] 손보기(1993: 317-321)에 따르면, "Ⅵ층(석층)은 제11문화층, Ⅴ층(굳은 염토층)은 제12문화층, Ⅳ층(모래 염토층)은 가장 위에 놓인 제13문화층"에 각각 해당한다.

[8] 보정 연대(OxCal v4.4.4)는 27,293~22,997 cal BP(68.3%, 1편차), 30,780~21,264 cal BP(95.4%, 2편차)이다.

[9] Ⅳ층(새기개·밀개 문화층)은 연세대학교 생물학과의 강영희 교수(손보기, 1970), 그리고 Ⅴ층은 원자력연구소의 양경린 박사(손보기, 1973a)에 의하여 각각 측정되었다. 토양 산도의 구간 구분은 Soil Science Division Staff(2017)에 따랐다.

(표 3).[10] 한편 석장리 유적에서 얻은 산도 측정 자료는 동물 화석이 출토된 제천 점말 동굴 및 정선 매둔 동굴의 경우와 잘 비교될 수 있다. 두 동굴유적은 모두 석회암 지대에 분포한다. 털코뿔이, 하이에나, 짧은꼬리원숭이, 사슴 종류 등의 동물 화석이 발굴된 점말 동굴의 산도 측정 결과에 따르면, 층위별 평균값은 약알칼리성~중알칼리성(7.76~8.39, slightly and moderately alkaline)에 속한다(손보기 외, 1980). 사슴 종류의 뼈와 물고기 등뼈 등이 발견된 매둔 동굴유적의 산도는 약알칼리성 영역(7.46~7.65, slightly alkaline)에 해당한다(김주용·오근창, 2021).

3-4. 꽃가루 분석과 목탄의 수종 식별

꽃가루(화분) 분석용 토양 시료 채취는 방사성탄소 연대 측정에 따른 목탄 채집과 더불어 석장리 유적의 1차 발굴 때부터 가장 큰 관심거리 가운데 하나였다. 꽃가루 검사는 각 지층의 식물 분포와 고환경 연구뿐만 아니라 식물상에 의한 비교 연대, 곧 상대 연대의 추론을 가능하게 해준다(Dimbleby, 1963; 손보기, 1964b).

꽃가루 분석 작업을 체계적으로 수행하는 데 적합한 각종 장비와 연구 인력이 제대로 갖추어져야 한다. 그런데 당시 국내의 현실적인 여건에서 한 곳에 분석 시설이 고루 갖추어진 실험실을 마련하는 일은 매우 어려웠을 것으로 생각된다. 이런 요인으로 말미암아 석장리 유적에서 수행된 꽃가루 분석은 여러 전문 인력의 협업, 다시 말해서 "분석용 토양 시료의 화학 처리 및 슬라이드 작성은 원자력연구소의 양경린梁慶麟, 감식·분류·사진 촬영은 서강대학교 생물학과의 오계칠吳桂七과 오지영吳智泳"이 담당하게 되었다(손보기, 1973a; 1973b).

오늘날 꽃가루 분석을 수행하는 데 필요한 분석 시설과 전문 인력의 확보 문제는 지난날에 비교되지 않을 정도로 훨씬 수월하게 이루어질 수 있다. 그렇지만 앞에서 언급한 것처럼 60년 전의 현실은 지금과 전혀 달랐다고 생각된다. 요컨대 지속적인 학문적 열정과 의지가 뒷받침되지 않았다면 그와 같은 현실적인 걸림돌을 극복하는 일은 그만큼 어려웠을 것이다.

---

[10] 토양의 산성화는 그 토양을 구성하는 바탕 물질(parent material)의 특성(예를 들어, 화강암과 같은 산성암)과 밀접한 관련을 맺고 있으며, 용탈(leaching)의 영향을 받은 습윤 지역의 토양은 산성이 되기 쉽다(Daniel Hillel, 김재정 역, 1985:34). 빗물 등에 의하여 용탈 작용이 진행되면 토양에 흡착되었던 칼슘, 마그네슘, 칼륨 및 나트륨 등의 염기도 용해되어 빠져나가고, 그 대신 알루미늄과 수소이온이 자리를 차지하게 되어 토양은 산성화한다(류순호, 2000:254).

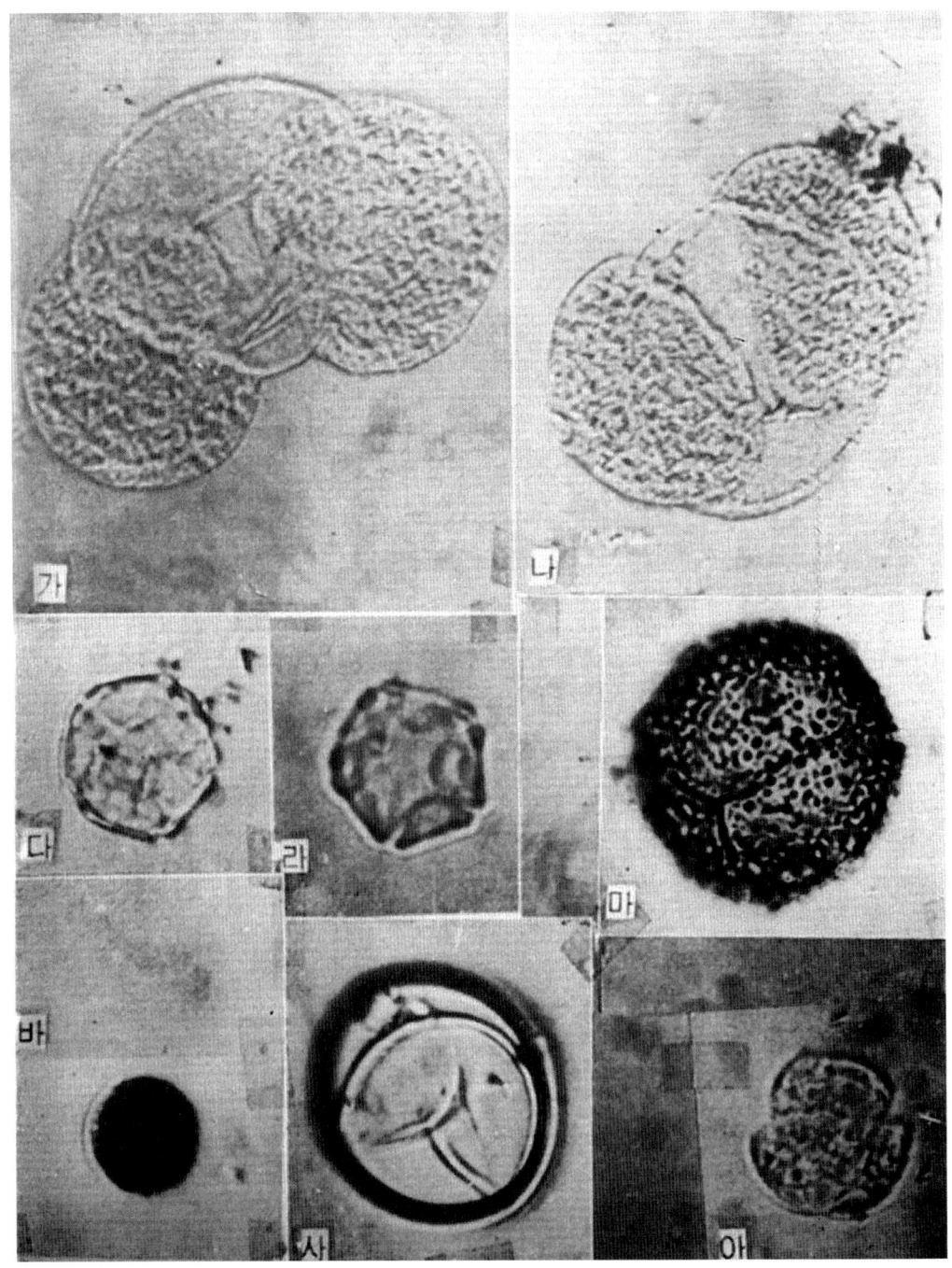

삽도 7 1지구 51구덩의 Ⅴ층(집자리층)에서 검출된 꽃가루/포자 (x480). 〔출처〕 손보기(1973a).
가: 소나무속*Pinus*, 나: 가문비나무속*Picea*, 다~라: 오리나무속*Alnus*, 마: 고비속*Osmunda*, 바: 쥐똥나무속*Ligustrum*, 사~아: 포자Spore.
* 손보기(1973a)의 논문에는 "가문비나무속*Picea*의 명칭이 전나무속*Picea*"으로 기재되었음.

〈표 4〉 1지구 51구덩의 Ⅴ층(집자리층)에서 검출된 꽃가루/포자 목록

일련번호	속(Genus)	과(Family)
1	소나무속(*Pinus*)	소나무과(Pinaceae)
2	가문비나무속(*Picea*)	소나무과(Pinaceae)
3	오리나무속(*Alnus*)	자작나무과(Betulaceae)
4	고비속(*Osmunda*)	고비과(Osmundaceae)
5	쥐똥나무속(*Ligustrum*)	물푸레나무과(Oleaceae)
6	목련속(*Magnolia*)	목련과(Magnoliaceae)
7	수련속(*Nymphaea*)	수련과(Nymphaeaceae)
8		석송과(Lycopodiaceae)
9		단풍나무과(Aceraceae)
10		백합과(Liliaceae)
11		방동사니아과(Cyperoideae)〔사초과(Cyperaceae)〕
12		불분명 꽃가루(Unidentified pollen)
13		불분명 포자(Unidentified spore)

* 손보기(1973a)의 논문에 기재된 "전나무과(Abietaceae), 전나무속(*Picea*)"은 현재 "소나무과(Pinaceae), 가문비나무속(*Picea*)"으로 분류되며, 전나무(젓나무)속의 속명屬名은 'Abies'임.
* 속(Genus), 과(Family)의 분류 명칭에 대해서는 이창복(1977), 이창복 외(2008)를 참조하기 바람.

삽도 8 1지구 51구덩의 집자리에서 발견된 목탄(추정 오리나무). 〔출처〕 손보기(1973a; 1993).

꽃가루 분석은 1지구 51구덩의 V층(집자리층)을 대상으로 이루어졌다. 분석 결과(표 4), 아홉 종류의 꽃가루(소나무속, 가문비나무속, 오리나무속, 쥐똥나무속, 목련속, 수련속, 단풍나무과, 백합과, 방동사니아과)와 두 종류의 포자(고비속, 석송과)가 식별되었다(삽도 7). 남녘 땅에서 처음 이루어진 석장리 유적의 꽃가루/포자 조합 관계는 따뜻한 온대기후를 반영하는 것으로 해석되었다(손보기, 1973a). 남·북한을 통틀어 본다면, 그것은 장덕리 유적의 뒤를 이은 두 번째에 해당한다. 털코끼리 발견된 장덕리 유적의 이탄층에서는 우리나라 북부 고산지대 또는 흑룡강(아무르강) 일대의 한대성 식물군과 유사한 식물 종류의 꽃가루가 확인되었다(로영대, 1962).

석장리 유적에서는 여러 점의 목탄이 발견되었다. 그 가운데 일부는 방사성탄소 연대 측정용 시료로 활용되었다. 목탄의 수종 식별은 비교적 크기가 큰 한 점을 대상으로 이루어졌다. 보존 상태가 좋지 않아 가로 자름면cross-section의 관찰만이 가능하였다(삽도 8). 수종 분석 결과는 오리나무 종류로 추정되었다. 잔존하는 목탄 시료에서 각 나이테의 너비가 5.5mm, 5.6mm, 7.5mm, 7.8mm, 5.4mm 등으로 나타나 눈길을 끈다. 나이테의 너비가 상대적으로 너른 부위는 다른 해에 비하여 생육 조건이 그만큼 좋았음을 반영한다고 볼 수 있다(손보기, 1973a; 1973b; Sohn, 1973).

4장

구석기 관계 용어 정리

1949년 북한에서는 '학술용어사정위원회學術用語查定委員會'를 설치하였다. 이 위원회는 일상생활에 필요한 최소한의 한자를 사정하고, 일제강점기에 사용된 학술 용어를 바로잡아 합리적인 과학 기술 발전의 기초를 확립하려는 목적으로 운영되었다. 고고학을 포함한 역사학 분과도 위원회에 포함되어 있었다(한창균, 2017b).

다른 나라 말로 쓰인 학술 용어를 우리말로 새롭게 바꾸어 표현하는 데는 여러 가지 점에서 고려되어야 할 사항이 적지 않다. 본래의 뜻에 어울리는 우리말 용어를 적절하게 가려내는 노력이 필요하며, 이와 더불어 일반인이 쉽게 그 용어를 이해할 수 있도록 평이한 용어로 옮기는 일에도 많은 관심을 기울여야 한다. 한편 도유호(1960a; 1960b)는 "새로운 용어는 늙은 세대보다 젊은 세대를 대상으로 삼아 정리될 필요가 있는 까닭에 한문을 잘 모르는 젊은 세대에게는 어려운 한문식 용어보다 순우리말로 풀어 놓은 용어가 더 쉬울 것"이라는 의견을 표명한 바 있다.

일본식 또는 한문식으로 된 구석기 용어를 순화된 우리말로 표현하는 작업은 북한 고고학에서 먼저 시도되었다. 우리에게도 낯익은 격지와 긁개라는 용어는 1950년대 후반부터 쓰이기 시작하였다(한창균, 2020). 1960년대 초반에는 주먹도끼, 찍개, 밀개와 같은 석기 명칭이 등장한다(도유호, 1962b; 1964).

"구석기舊石器의 명칭은 중국에서 번역 또는 창조되었고 일본에서 일본말로 번역하고 한자를 빌려 쓰고 하여 영, 독, 불, 중, 일의 5가지 용어의 영향을 우리 선사학자들이 받게 되었다. 따라서 그 이름이 우리말로 듣기에는 무척 어렵고 어색하고 일반에게 바로 알리기에는 현실성을 가지지 못하는 것이 많다. 예를 들면, 영국에서 hand axe라고 하고, 불란서에서는 coup de poing이라고 하고 또 biface라고 하기도 한다. 중국에서는 감벌기砍伐器라고 하며 일본에서는 니기리 쓰지 또는 니기리 오노握斧(악부)라고 한다. 이 모두가 어렵고 꼭 좋은 말이라고 할 수도 없다. 구석기학에서 적어도 이루어져야 할 것은 이들 이름을 어떠한 원칙에서 정리하고 알기 쉬운 우리말에서 찾아야 하는 것이 필요한 일이었다. 복잡한 명칭을 일본에서 재수입한다던가, 중국에서 재수입한다던가 또는 영어나 불어를 그대로 쓴다는 것도 학문을 어렵게 하는 효과밖에 되지 않는다.

따라서 우리는 석기의 기능을 주로 하여 그 쓰임새를 생각하고 이름을 그 원칙에서 끌어내 보았다. 즉 그 석기들의 제작 수법이나 형태는 그 속성을 서술하는 것으로 보고 그 기능 즉, 사용 목적을 헤아리어 석기의 명칭을 우리말에서 찾았다. 그리고 이 명칭을 사용한 지 얼마 후에 석장리에서 발굴에 참가하는 마을 사람들도 이를 알고 석기를 분류하는 분까지 생겼다. 오히려 일본 말이나 영어에 익은 학자들이 서먹서먹하고 알려고 하지 않는 듯한 느낌을 준다. 석기의 연구도 이같이 쉬운 우리말에서 찾고 또 그것을 과학 원리에서 찾아서 썼던 관계로 석장리에서 발굴에 참가한 사람들은 석기를 분간하고 또 다른 곳에서 석기를 찾아오곤 하는 일이 많았다. 우리의 귀한 구석기를 마을에서 농사를 짓는 분들이 찾아낼 수 있게끔 된 것은 구석기 연구에 큰 발전을 가져오게 된 것이 틀림없다. 유적지를 찾아내는 데 도움이 될 뿐 아니라 그들이 한 조각의 돌도 격지도 그것이 사람의 손이 간 것이면 쉽사리 찾아낼 수 있게 하는 데 연구의 폭이 넓어지고 구석기라는 문화재의 보존에도 도움이 될 것은 틀림없는 일이다." 〔손보기, 1972a, 〈韓國 舊石器文化에 對한 몇 가지〉, 《문화재》 6:16-17〕

위 인용문에는 외국의 구석기 용어를 쉬운 우리말로 옮겨야 하는 근본 취지와 기본 원칙을 비롯하여 쉬운 우리말 용어의 사용에 따른 기대 효과 등이 매우 적절하게 표현되었다고 생각된다. 다시 말해서 거기에는 구석기 관계 용어가 평이할수록 구석기 고고학 전반에 대한 일반인의 이해와 접근이 그만큼 수월해질 수 있을 뿐만 아니라 유적·유물의 보존에도 긍정적인 효과를 지닌다는 내용이 들어 있다.

외래어로 표기된 구석기 관계의 학술 용어를 그에 알맞은 우리말 용어로 다듬어 옮기는 데는 적지 않은 노력과 시간이 뒤따라야 한다. 석장리 유적의 구석기 연구에서 우리말 용어 사용이 본격적으로 자리를 잡기까지 어떤 양상을 거치며 변화되었는지 살펴보면 다음과 같다.

〈표 5〉에 나타나듯이 구석기 관계 용어의 정리 양상은 1966년 7월을 전후로 하여 두 단계로 나누어 볼 수 있다.

첫째 단계는 1차 발굴 때부터 3차 발굴 직후에 이르기까지의 기간에 해당한다. 이 기간에 우리말로 다듬은 학술 용어가 쓰이기 시작하였는데 그 수는 적은 편이다. Hand ax(또는 Hand axe)를 가리켜 손도끼 또는 돌도끼로 표현했고, 망치를 무게에 따라 돌망치 또는 돌마치[11]로 구분하였다. 첫

〈표 5〉 시기에 따른 구석기 관계 용어의 변화

참고 자료	구석기 관계 용어
〈公州郡下에 石器時代의 遺物〉《동아일보》1964년 11월 18일)	마이크로 브레이드(석검의 날), 스크레이퍼(剝片石器), 핸드 액스(**손도끼**)
〈우리나라 최초의 구석기시대 유물 발굴〉《연세춘추》1964년 11월 23일)	후레이크(剝片石器), 핸드 액스(**손도끼**), 마이크로 블레이드(석검의 날), 프로젝타일 블레이드(尖石刃), 스크레이퍼(削石器), 초퍼(石斫刀), 그레이버(彫刻刃), 햄머, 코어 노둘(석기를 만들고 남은 석재), **돌망치**
〈밝혀지는 韓國의 舊石器時代〉《조선일보》1964년 11월 28일)	剝片石器(Flake), 石刀(Blade), 削器(Scraper), 石核石器(Core tool), 握斧(Hand ax), 초퍼(Chopper), 細石器, 石屑(人工으로 깨뜨린 돌조각)
〈《베일》벗는 韓國上古史〉《연세춘추》1964년 11월 30일)	스크레이퍼(剝片石器), **손도끼**(Hand ax), 마이크로 블레이드(석검의 날), 프로젝타일 블레이드, 초퍼, 그레이버, 햄머, 코어 노둘(석기를 만들고 남은 石材), 프레이크(Flake: 돌조각), 악부(握斧: Hand ax), 石核石器, 剝片石器, 細石器
〈구석기시대 유물 발굴의 成果와 問題點〉(손보기, 1964b,《연세춘추》1964년 12월 7일)	박편, 석핵, Flake Refuse, Blade
〈연세대 석기시대 유물 발굴대 구석기시대 유물 1000여 점 발굴〉《연세춘추》1965년 5월 17일)	대석(Anvil, 臺石), Hand Axe(**돌도끼**), Blade(石刃), Chopper(돌작도), Blade core(石核), Hammer Stone(**돌망치**), Pestle(**돌마치**), Scraper, Core stone(석핵), Flake(박편)
〈舊石器文化研究의 指標設定〉(손보기, 1965a,《연세춘추》1965년 5월 17일)	간접 타격법, **돌마치**, 박편 석기, 석핵 석기, 첨두기, 대석, **몸돌**(石核)
〈公州石壯里無土器文化〉(손보기, 1965b)	브레이드, 礫石 Hand Axe, Chopper, Chopping tool, 礫石 Pestle, Micro-Blade, Scraper, Burin, Pointed tool, 細石器
〈5,000여 점의 석기 발굴〉《연세춘추》1966년 5월 2일)	**모루돌**, 햄머링 툴, 햄머 스톤, 세석기(細石器), 박편(剝片), 돌날
〈3차에 걸친 금강 유역 구석기 유물 발굴 중간보고서〉(손보기, 1966,《연세춘추》1966년 7월 25일)	박편, **모루돌**(Anvil Stone), 마치돌(hammer stone), 세석기 **몸돌**(Micro-core), 세석기, 홈(notch), **자갈돌** 석기, 돌날(Blade), 핵석기, 돌마치, 돌망치, 쪼으개, 다지개, 자르개, 찌르개, 자갈돌(원력), 자연석, 몸돌, 타격면, 타격점, 혹면, 혹, 혹밑자국, 방사선, 동심원, 주먹도끼, 긁개, 밀개, 박편석기, 돌날떼기(Blade Technique), 눌러떼기(Pressure Flaking), 쪼아내기, 직접타격, 간접타격, 원통식, 계단식, 홈파기, 누르기
〈層位를 이룬 石壯里 舊石器文化〉(손보기, 1967,《역사학보》35·36)	사냥돌(Bolas Stone or Missile Stone), **주먹도끼**(Hand-axe), 찌르개(Point), 르바로아 형식 몸돌(Levalloisian Core), 밀개(End Scraper), 뚜르개(Awl), 剝片石器, 긁개(Scraper), 자르개, 밀개, 새기개, 돌날(Blade), 눌러떼기(pressure-flaking), 때내기(percussion), **몸돌**(core), 쪼으개(Pecking Tool), 첨두기, 찍개, 작은 날 몸돌(石刃石核), **모룻돌**(Anvil), 찍개, 몸돌(核)石器, 박편석기, 박편, **자갈돌** 石器(Pebble Tool), **외날찍개**(Chopper), **쌍날찍개**(Chopping Tool), **자르개**(Cleaver), 돌마치(Hammer Stone), 돌망치(Hammering Tool), 혹(Bulb), 떼어낸 자리(剝離面), 원통모양 망치(Cylindrical Hammer), **엇갈림떼기**(Alternative flaking), 바리, 돌괭이(Pick)

째 단계에서 가장 특기될 만한 것은 몸돌(石核 또는 核石, Core stone) (손보기, 1965a)과 모루 및 돌날(石刃, Blade) (《연세춘추》 1966년 5월 2일)이라는 용어가 사용되었다는 점이라고 생각된다.[2]

둘째 단계는 1966년 7월 말 무렵에 시작된다. 《연세춘추》(1966년 7월 25일)에는 1차부터 3차 발굴에 대한 중간보고서(손보기, 1966)가 게재된 바 있다. 이 보고서에는 세 차례에 걸친 발굴조사를 통하여 구석기시대 중기 및 후기로 인정되는 여러 문화층이 석장리 유적에 존재하는 것으로 서술되었다. 이와 함께 인공이 가해진 석제품(몸돌, 박편, 주먹도끼 등)에서 관찰되는 속성 그리고 돌날떼기Blade Technique를 비롯하여 눌러떼기Pressure Flaking와 같은 제작 기법이 도식적으로 표현되었다(삽도 9). 구석기의 제작 기법에 관한 우리말 용어가 도식적 표현을 빌려 설명된 사례는 석장리 유적의 경우가 처음이다. 또한 손보기(1966)는 "돌날떼기 기법은 중기 구석기시대 말기에서 시작되어 후기 구석기시대에 가장 성행하는 것"으로 언급하여 주목된다.

〈삽도 9〉에서 볼 수 있듯이 구석기 관계 우리말 용어의 사용은 1~3차 발굴 중간보고서 제출에 때를 맞추며 본격적인 궤도에 올랐다. 특히 그 다음 해(손보기, 1967)에 이르러서는 더욱 다양한 용어들이 우리말로 순화되었다. 이 과정에서 북한 고고학에서 채택된 용어(주먹도끼, 찍개, 긁개, 밀개)를 용어를 받아들이는 동시에 새롭게 만들어진 용어(자갈돌 석기, 몸돌 석기, 찌르개, 자르개, 뚜르개, 새기개 등) 사용도 두드러지게 나타난다. 그런데 이때까지만 하여도 '격지'라는 한글 용어 대신에 '박편剝片'이라는 한자식 용어가 그대로 사용되었다.

'격지'라는 낱말의 본래 뜻은 "① 여러 겹으로 쌓이어 붙은 켜(조선어학회, 1947; 이희승 편저, 1986), ② 겹으로 쌓여 붙은 켜(언어학연구소, 1981)"를 의미한다. 북한에서는 1950년대 말 공귀리 유적(자강도 강계리)에서 출토한 흑요암 석기를 서술하면서 격지라는 용어가 사용되었으나 그에 따른 용어 정의는 구체적으로 언급되지 않았다(김용간, 1958; 1959 참조). 그로부터 몇 년 뒤 도유호(1962b)는 격지를 가리켜 "모체가 되는 돌멩이에서 떨어져 나온 것으로 때린 자리, 때린 점, 불룩한 혹과 홈집, 가로 방향으로 물결진 모습 등의 여러 흔적이 남아 있다."라고 묘사하였다.

구석기 관계 용어의 우리말 정리에 관련하여 가장 주목되는 글이 1960년대 후반에 발표되었다. 〈石壯里의 자갈돌 찍개 文化層〉(손보기, 1968c)이라는 제목의 논문에는 석기 명칭(28개), 제작 수법(21개), 석기 형태(43개), 석기 재료(12개)에 관한 구석기 관계 용어(전체: 104개)가 다음과 같이 정리되었다.

---

1) 돌망치는 500g 이상, 돌마치는 500g 이하를 가리킨다(손보기, 1972b). 한편 손보기(1988)에서는 '마치'에 대하여 "잔손질하는 데 쓰는 석기로 작고 둥글며 100g쯤 된다."고 서술하였다.
2) 북한 고고학에서는 1970년대 초부터 핵석(核石)을 속돌이라고 불렀다(고고학연구소, 1971).

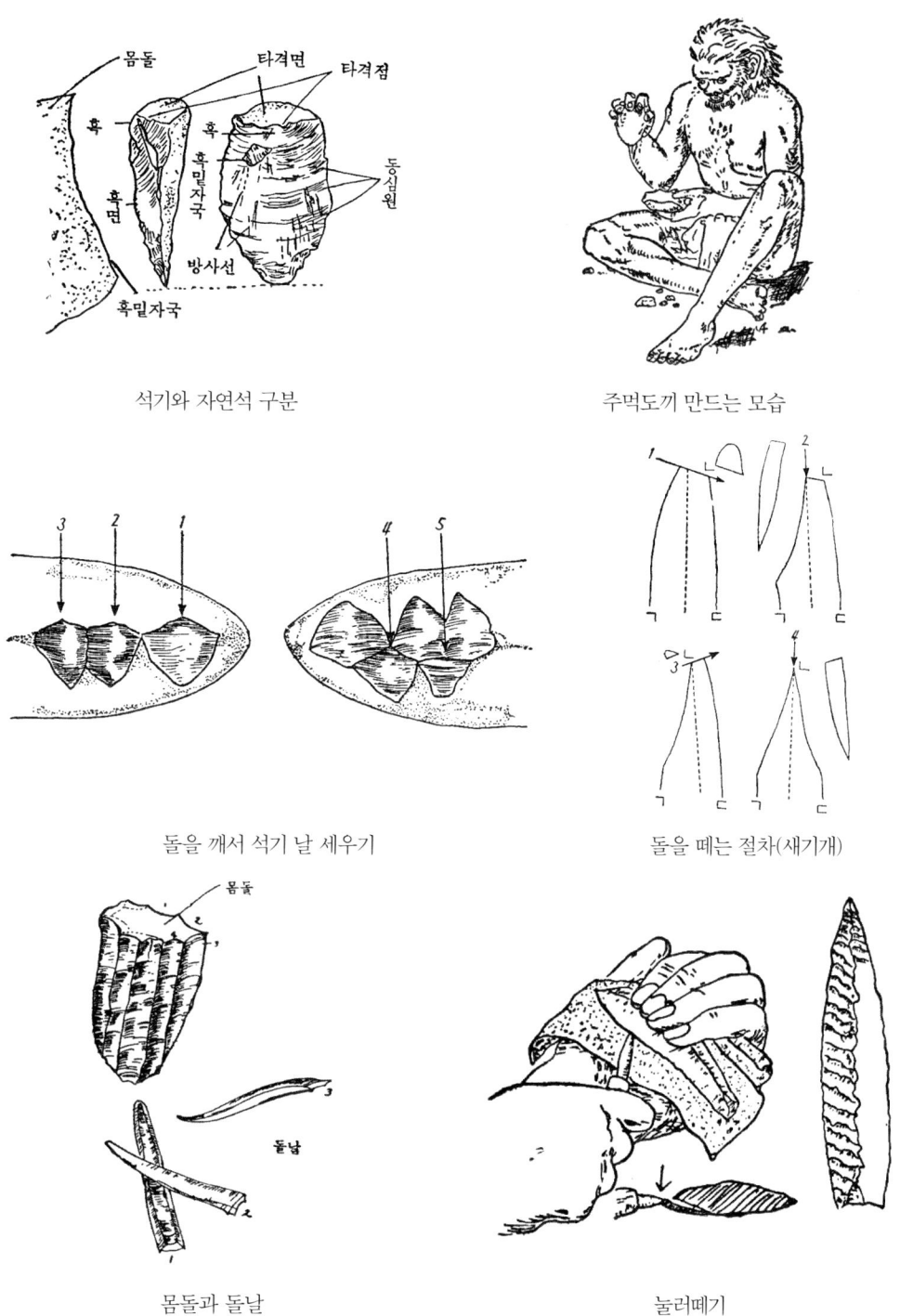

석기와 자연석 구분　　　　　　주먹도끼 만드는 모습

돌을 깨서 석기 날 세우기　　　돌을 떼는 절차(새기개)

몸돌과 돌날　　　　　　　　　눌러떼기

삽도 9　석기 제작 관계 용어. 〔출처〕 손보기(1966).

1. 석기의 명칭 (이하 이탤릭체: 프랑스어)

긁개: side-scraper, *racloir*

깎개: hand-adze

꽂개: composite-tool

다듬개: fabricator

덜된 연모: blank

돌괭이: pick → 주먹괭이(손보기, 1972a)

돌날: blade

돌대패: plane → 주먹대패(손보기, 1972a)

돌마치: hammer-stone

둥근 연장: disc

떼개: flaker

뚜르개: awl, *perçoir*

마름모 연장: rhomboid

망치: hammering-tool

모룻돌: anvil

밀개: end-scraper, *grattoir*

부스러기: spall

사냥돌: missile stone, bolas → 팔매돌(손보기, 1988)

새기개: graver, *burin*

쌍날찍개: chopping-tool → 안팎날찍개(손보기, 1988)

외날찍개: chopper

유물: artifact

자르개: cleaver, *tranchet*, *hachereau* → 주먹자르개(손보기, 1988)

자연석: naturifact, terrafact

주먹도끼: hand-axe, *coup de poing*

조각: split

째개: flayer

찌르개: point

2. 수법에 관한 용어

떼기: percussion, flaking
간접떼기: indirect percussion
계단식떼기: step-flaking
눌러떼기: pressure-flaking
던져떼기: anvil-hurling technique
돌날떼기: fluting of blade technique
돌려떼기: Levalloisian flaking technique
막떼기: free-flaking
모루·망치떼기: bipolar or block-on-block technique
반쪼갬: quartering
부딪쳐다듬기: soft method, *taille appuyée*
부딪쳐떼기: counter-blow technique, *contre-coup*
엇갈림떼기: alternative flaking
옆떼기: side-blow technique
원통식떼기: cylinder-hammer technique
이차떼기: secondary flaking
일차떼기: primary flaking
잔손질: retouch
조절떼기: controlled flaking
직접떼기: direct percussion
쪼아떼기: punch technique

3. 석기 형태에 관한 용어

각, 각도: angle
양각(박리각): positive or flaking angle
음각(깎인면의 각): negative or solid or operating angle
격지: flake
긴격지: end-flake, narrow elongated flake

넓은 격지: side-flake, broad-flake
　　돌쩌귀격지: hinged-fracture
날: butt → 'cutting edge'의 오식(손보기, 1973b)
　　가로날: transversal
　　가죽칼날: *tranchet*
　　갈짓자: zigzag
　　도끼모양날: axe-edged, *hachereau*
　　마줏날: convergent
　　볼록날: convex
　　쌍날: biface
　　양쪽날: double butt → 'double cutting edge'의 오식
　　에스자휘임: S-twist, Z-twist
　　오목날: concave
　　외날: uniface
　　톱니모양: denticulation → 톱니날(denticulate)(손보기, 1972a)
　　깎인면: facet
　　깎인면의 타면: faceted striking platform
능선
　　3능선: *triédrique*
　　다능선: *polyédrique*
모양: shaped, shape
　　배모양: boat-shaped
　　버들잎모양: willow-shaped
　　병배모양: pear-shaped
　　월계잎모양: laurel-leaf shaped
　　잎모양: leaf-shaped
　　타원모양: ovate
면: facies
　　다면: poly-faceted

단면: single faceted, *lisse*
　　　이면: double-faceted, *dièdre*
　　　삼면: tri-faceted
　　　자연면: cortex
　　　조정타면: prepared platform
　　　타면: platform
　몸돌: core
　　　다듬은(조정) 몸돌: prepared core
　　　둥근 몸돌: discoidal core
　　　원통모양몸돌: conical-shaped core → '원뿔모양몸돌'의 오식
　동심원: concoidal rings, ripple marks
　방사선: split of fissures, shatter marks
　턱: heel
　혹: bulb
　혹밑자국: bulbar scar, *éraillure*

4. 재료에 관한 용어

　　　둥근돌(표석): boulder
　　　모난돌(각력): gravel
　　　모난판자돌: block, *plaquette*
　　　뻘: silt, fine-grained sand
　　　모래: sand
　　　염토[3] : clay
　　　왕모래: granule, coarse-grained sand
　　　왕자갈: cobble
　　　원석: chunk, lump, nodule
　　　자갈돌(원력): rolled gravel, pebble

---

3) '粘土'의 본음(本音)은 '염토'이며, 속음(俗音)은 '점토'임.

잔자갈: pebble

판자돌: *plaquette*

이상에서 살펴본 것처럼 50여 년 전, 100여 개가 넘는 구석기 관계 학술 용어가 우리말 용어로 다듬어졌다. 석장리 유적의 첫 발굴 시기부터 여기에 이르기까지 적어도 3년 6개월이 넘는 긴 시간이 소요되었던 것으로 판단된다. 이것은 외국어로 표기된 용어를 우리말로 옮기는 작업이 결코 쉬운 일이 아니었다는 사실을 잘 보여준다. 한국 고고학 분야에서 그처럼 많은 용어가 일찍이 우리말로 순화된 사례는 석장리 유적의 경우가 처음이라고 말할 수 있다.

1980년대 후반 이후, 몇몇 석기의 경우 그 명칭은 다음과 같이 바뀌었다. 예를 들어, "돌괭이→주먹괭이, 돌대패→주먹대패, 자르개→주먹자르개, 사냥돌→팔매돌, 쌍날찍개→안팎날찍개"(손보기, 1988 참조). 또한 좀돌날(손보기, 1988), 또는 좀돌날 몸돌(손보기, 1990)과 같은 용어가 추가되기도 하였다.[4]

"석장리 구석기 유적에서 발굴된 유물을 바탕으로 수많은 석기 관계 용어가 새롭게 창안되었다. 석장리 유적의 유물군에서 보이는 독특하고 다양한 형태·기술적 특성은 그와 같은 점을 잘 뒷받침한다고 판단된다. 요컨대, 그동안 우리나라에서 발견된 각종 석기의 명칭과 제작 기법에 관한 용어는 대부분 석장리 유적에 그 뿌리를 두고 있다 해도 지나친 말이 아닐 것이다."(한창균, 2024)

앞에서 언급한 바 있듯이 손보기 교수(손보기, 1966; 1967; 1968c)는 구석기 용어를 우리말로 정리하면서 북한 고고학에서 사용되고 있었던 명칭(주먹도끼, 찍개, 격지, 긁개, 밀개)을 채택하였다. 그런데 1990년에 이르면 구석기의 명칭 사용과 관련하여 북한 고고학에서 주목할 만한 변화가 나타나기 시작하여 관심을 끈다. 《조선고고학전서: 원시편(석기시대)》(김용간, 1990)에서는 후기 구석기시대의 석기를 서술하는 부분에서 찌르개, 자르개, 새기개, 뚫으개(뚜르개), 눌러떼기 등과 같은 용어가 사용되었다.[5] 한편 어해남(1995; 1999)의 글에서는 속돌(몸돌)의 형태학적 특성과 밀접하게 관련을 맺으며 생산되는 격지, 곧 돌날이라는 용어도 찾을 수 있다.

이렇듯 남·북 쌍방이 서로의 학술 용어를 시의적절하게 수용하는 양상은 구석기 고고학 분야에서만 유일하게 드러난다고 생각된다. 그리고 이러한 용어 사용의 경향은 쌍방 사이의 학술적인 거리감을 좁히거나 극복하는 데도 긍정적으로 이바지하리라 판단된다.

---

4) 한편 손보기(1969a)의 글에는 "돌날 몸돌(Blade-Core), 피리 섭(bec-de-flûte) 새기개, 앵무새 입부리형 새기개(bec-de-perroquet), 새기개 수법(burin technique), 단번떼기(single blow), 슴베(tanged) 형식 등"과 같은 용어가 등장한다.

5) 이와 같은 용어는 전일권·김광남(2009) 및 한은숙(2009)의 글에서도 쓰였다.

5장

다양한 유형의 발굴 관련 기록물 생산

"고고학자는 과거를 알기 위하여 땅을 파고 유물을 찾아낸다. 그렇지만 한 번 파헤친 땅을 원래의 상태 그대로 똑같이 되돌리는 일은 누구라도 할 수 없다. 그래서 발굴 과정에서 관찰되는 모든 사항은 뒷날의 연구에 도움이 되도록 기록으로 남겨져야 한다."(한창균, 2024)

유적에서 드러나는 고고학적 증거는 인공품artifact과 생태 유물ecofact을 기반으로 한다(콜린 렌프류·폴 반, 이희준 옮김, 2006 참조). 석장리 유적에서 발견된 인공품의 거의 대부분은 깬석기 및 그 부산물로 이루어진 인공 유물이며, 기둥구멍과 같은 유구도 있다. 고생태학과 연관된 생물 잔존물로는 목탄과 꽃가루 화석이 있는데 후자는 시료 분석에 의한 현미경 관찰을 통해서 확인이 가능하다. 고토양을 포함한 퇴적물은 고환경과 유적의 형성 과정 등을 살피는 데 필요한 정보를 제공한다. 이상에서 언급한 고고학적 증거를 정리·분석·연구·관리하는 과정에서 각각의 관련 사항을 짜임새 있는 기록으로 남기는 일은 매우 중요한 의미를 지닌다고 말할 수 있다.

석장리 유적의 발굴 관련 기록물은 그 기록물이 작성되었던 장소에 따라 크게 두 가지 유형으로 분류될 수 있다. 하나는 발굴 현장에서 직접 생산되는 기록물이고, 다른 하나는 발굴 이후 박물관의 정리 과정에서 생산되는 기록물을 가리킨다(삽도 10). 석장리 유적 발굴 60주년에 즈음하여 〈석장리, 기록을 만들다〉라는 제목의 특별 전시가 2024년 11월 20일부터 2025년 3월 31일까지 연세대학교 박물관 기획전시실에 열려 관심을 끌었다.

발굴 현장에서 반드시 수행되어야 할 기본 작업 가운데 하나가 바로 유적과 그 주변에 대한 지형도 작성이다. 여기서 얻은 정보는 유적의 지리적 위치와 입지 조건의 상호 관계를 파악하는 데 도움을 준다. 지금은 관측점의 좌표와 표고(해발 고도) 측량에 RTK-GPS Real Time Kinematic (실시간 이

삽도 10 석장리 유적의 발굴을 통하여 생산된 기록물 유형.

동 측량), 드론 사진 촬영, 광대역 3D 스캐너 등을 활용한 첨단 기기가 편리하게 활용되고 있다. 반면에 과거에는 지형상의 거리와 표고를 측량하는 데 평판, 레벨, 트랜싯transit과 같은 측량기기가 이용되었다. 이런 기기가 이용되었던 만큼 유적 현장에서의 지형 측량에는 전자에 비하여 더 많은 시간과 노력을 들여야 했다.

석장리 유적에서는 1차 발굴 당시부터 측량기 일체(평판, 레벨, 트랜싯)를 준비하여 지형 측량에 임하였다(정명호, 1984). 그렇지만 발굴 현장의 날씨가 좋지 않았을 뿐만 아니라 조사 기간과 인력도 충분하지 않았던 까닭에 유적 지형도 작성은 완결되지 못하였다. 오늘날 알려지고 있는 당시 유적지의 초벌 지형도는 그 다음 해인 2차 발굴 시기에 작성될 수 있었다.

1~3차 발굴(1964~66년) 사이에는 '장암리 93번지(전)' 일대를 중심으로 발굴조사가 이루어졌다. 4차 발굴(1967년)부터는 '장암리 93번지(전)'에서 서쪽 방향으로 치우친 '장암리 100번지(전), 101번지(답)' 등으로 발굴 범위가 확장되었다(연박 제71-32호(1971년 3월 17일) 참조). 1차 발굴부터 4차 발굴에서 얻은 성과를 바탕으로 〈層位를 이룬 石壯里 舊石器文化〉(손보기, 1967)라는 제목의 논문이 발표되었는데, 이 글에서 '해발 12미터 높이의 지점'은 전자 일원의 지역, 그리고 '해발 14.4미터 높이의 지점'과 '해발 13.8미터 높이의 지점'은 후자 일원의 지역에 각각 해당한다.[1] 그 뒤 발표된 〈石壯里의 後期

---

1) 손보기(1967)의 논문에 실려 있는 지층 단면도(375쪽)는 '해발 13.8미터 높이의 지점'이 아니라 '해발 12미터 높

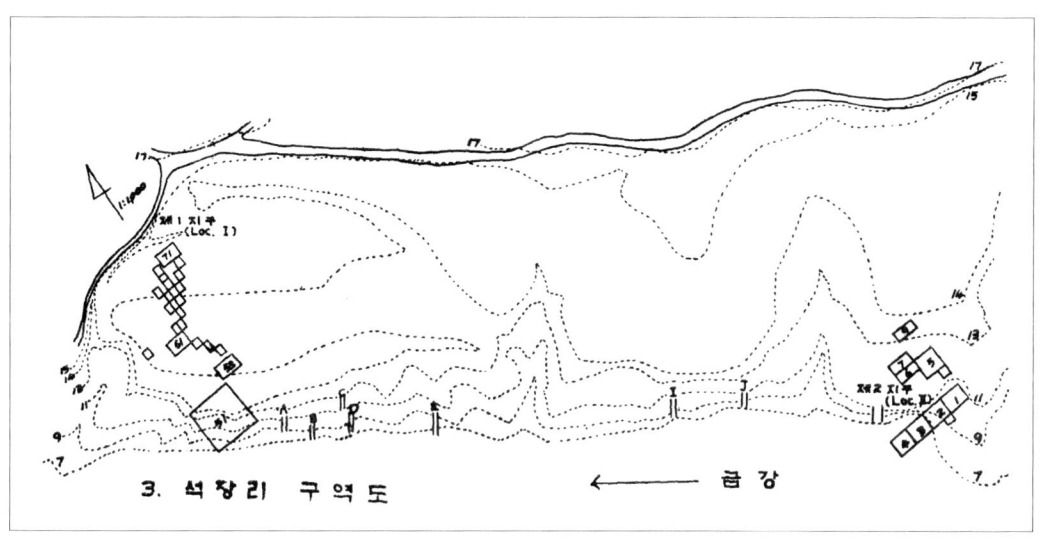

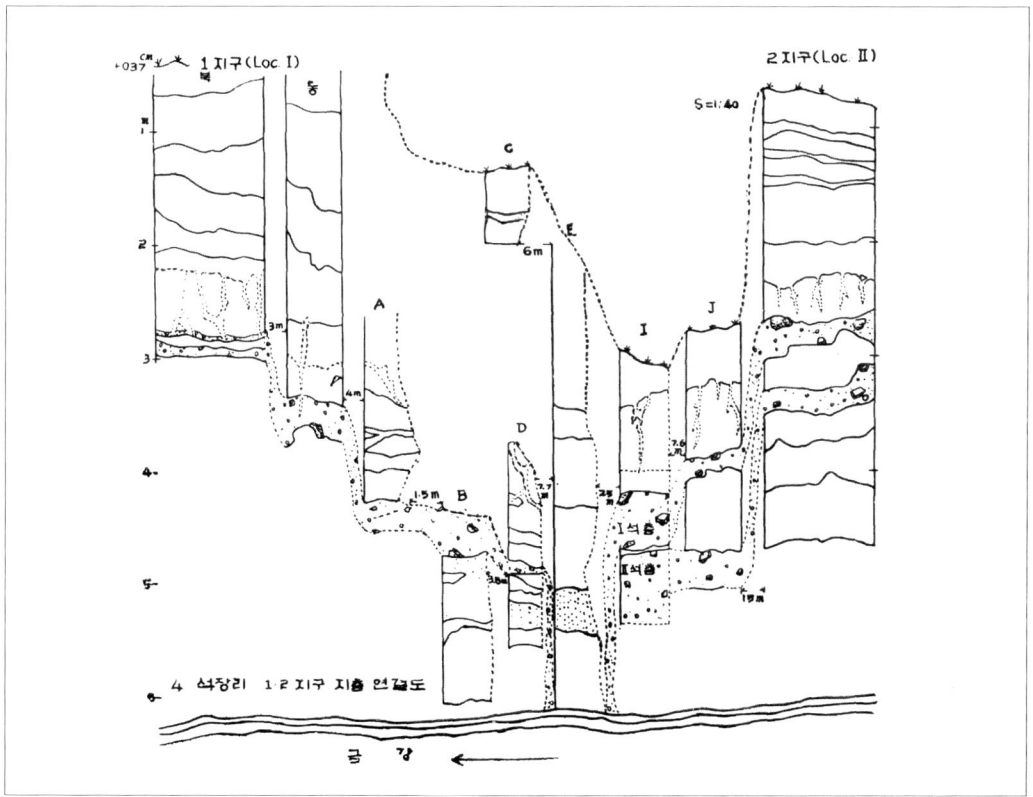

삽도 11 1지구와 2지구의 지형도, 발굴 구획도, 층위 관계. 〔출처〕 손보기(1973).

이의 지점'으로 수정되어야 함.

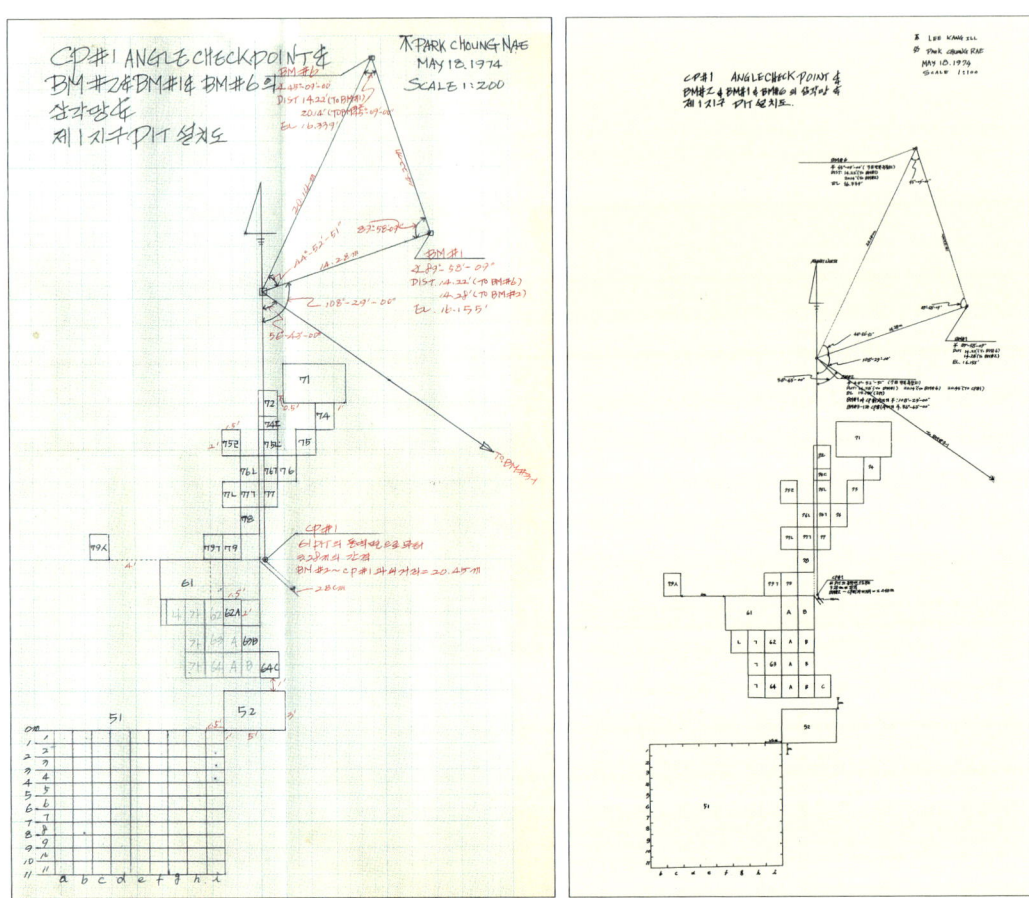

삽도 12 1지구 발굴 구획도(1974년 작성). 〔출처〕 연세대학교 박물관(왼쪽), 석장리박물관(오른쪽).
* 참고 사항: 51구덩의 발굴 구획(동서 길이: 12m, 남북 길이: 11m)

舊石器 文化〉(손보기, 1969a)에서 전자 지역은 '제2지구', 후자 지역은 '제1지구'로 명명되어 오늘에 이른다. 1지구는 금강의 하류 방향, 그리고 2지구는 금강의 상류 방향에 위치한다.

위에서 언급한 바와 같이 4차 발굴부터 조사 범위가 1지구로 확장되었다. 이에 따라 1지구와 2지구를 전체적으로 포괄하는 지형 측량이 5차 발굴(1968년) 때부터 체계적으로 진행되었다. 또한 9차 발굴(1972년)에서는 1지구와 2지구 사이의 층위 관계를 파악하기 위하여 몇 군데 지점을 대상으로 단면 조사가 실시되었다(손보기, 1973c). 조사가 이루어진 1지구 51구덩과 2지구 4구덩 사이의 직선거리는 약 140m에 이른다. 〈삽도 11〉에는 석장리 유적의 지형도 안에 발굴 구획도를 앉힌 모습과 더불어 두 지구 사이의 지층 흐름과 연결 관계를 보여주는 단면도가 제시되었다. 한편 10차 발굴(1974년)에서는 1지구의 발굴 구획도가 종합적으로 정리되어 관심을 끈다(삽도 12 참조). 이러한 모든

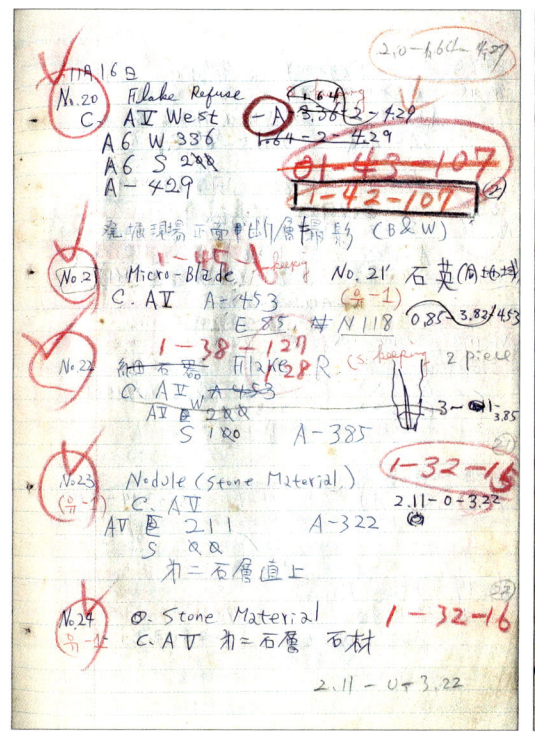 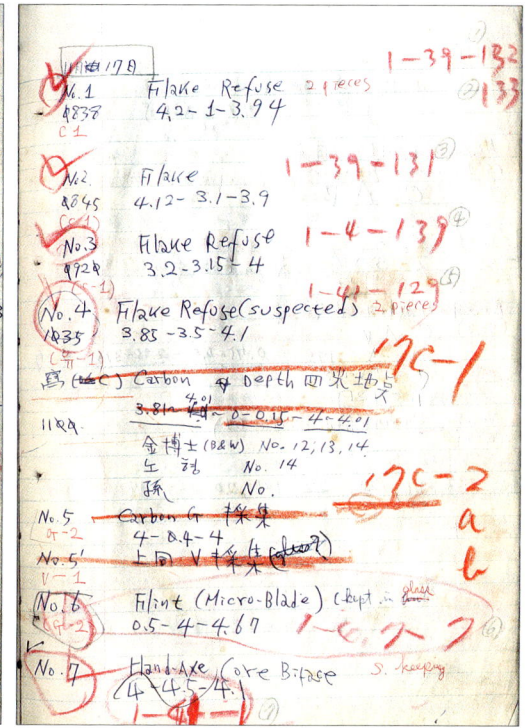

11월 16일(김상헌, 1964)　　　　　　　　　　　　11월 17일(김상헌, 1964)

발굴일지 1 1차 발굴 당시의 유물 수거 기록. 11월 16일(No. 21, 발굴번호 16-21): 돌날 아랫부분 조각(등록번호 11-40-41), 11월 17일(No. 7, 발굴번호 17-7): 주먹도끼 윗부분 조각(등록번호 11-36-49)(삽도 16~17 참조). 〔출처〕 연세대학교 박물관.

작업은 반세기 전 석장리 유적에서 빈틈없을 정도로 상세하게 구현되었고, 거기에서 우리는 유적 및 발굴 정보를 생생하게 기록하여 남기려는 온갖 노력과 정성의 자취를 엿볼 수 있다.

앞에서 말한 것처럼 1964년의 1차 발굴에서 유물이 출토되기 시작한 것은 11월 15일부터이며, 16일에도 흑요석 돌날, 그리고 17일에는 주먹도끼의 윗부분 조각(**삽도 1, 발굴일지 1 참조**)이 드러났다(김상헌, 1964; 정명호, 1964). 당시에 작성된 발굴일지(김상헌, 1964)에는 석제품 lithic material을 거두어들인 일자, 시간, 발굴번호를 비롯하여 좌표, 명칭, 암질, 출토 상태 등에 관한 사항이 기재되었다. 이런 기록 방식은 2차 발굴일지에서도 찾아볼 수 있다(손보기, 1965c). 그 후 3차 발굴부터는 고무인에 위 사항을 두루 새겨 찍은 꼬리표(**삽도 13**)가 유적 현장에서 활용되기에 이르렀다.[2] 이를 통하여 유물 출토와 관련

---

2) 당시 연세대학교 박물관에서는 서울 방산시장에서 백지 꼬리표를 구입한 다음, 고무인을 찍어 유물용 꼬리표를 만들었다. 또한 그때에는 오늘날과 같은 제품의 비닐봉투가 없었기 때문에 두루마리 형태로 된 비닐을 크기별로 구입하여 적당한 길이로 자른 후, 촛불로 한쪽을 막아 만든 봉투에 유물을 넣고 해당 꼬리표로 묶었다

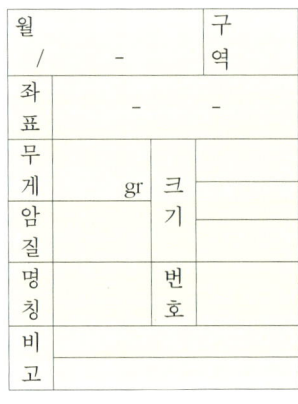 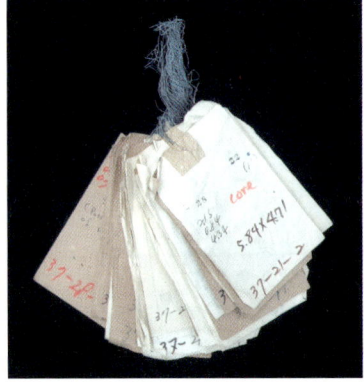

꼬리표 기재 사항   꼬리표 묶음(3차 발굴, 1966년)

삽도 13 석장리 유적의 꼬리표 기재 사항과 묶음. 〔출처〕연세대학교 박물관.

된 여러 가지 기본 정보가 짜임새 있게 관리될 수 있었다.

유물이 출토될 때마다 곧바로 발굴번호가 매겨지는 것이 아니었다. 발굴번호를 매겨 유물을 걷어내는 과정에는 일정한 사전 절차가 있었다. "구덩 안에서 드러난 전체 유물 세척 → 전체 유물을 대상으로 사진 촬영 → 부스러기 등을 골라낸 다음 다시 사진 촬영 → 중요 유물 근접 촬영(접사) → 평면도 작성 → 발굴번호 매김 및 유물 수거"와 같은 일이 진행되었다. 이와는 별도로 발굴단에서는 1차 발굴 당시부터 유적의 영화 촬영[3]에도 깊은 관심을 지니고 있었다(손보기, 1964a).

사진 자료는 발굴 현장의 전반적인 정황을 가시적으로 파악하는 데 필요한 기록물에 해당한다. 석장리 유적의 사진 기록물은 두 가지 종류로 구분될 수 있다. 첫째는 노출계를 사용하여 카메라의 조리개와 셔터 속도를 조절하여 찍은 것이고,[4] 둘째는 자연광에서 찍은 스냅snap 사진이다. 전자는 유물의 출토 상황이나 지층 단면 등을 촬영할 때 활용되었다. 후자는 작업 모습이나 기념사진 등을 촬영할 경우에 주로 이용되었다(삽도 14~15 참조).

> "또 발굴만 하면 일은 끝난 것으로 생각되기 쉬우나 이 구석기 연구는 발굴 후의 정리와 분석이 아주 어렵다. 시간과 연구비와 인원과 시설, 그리고 넓은 장소가 필요하다. 석기의 분류만 하더라도 많은 과정을 거쳐야 한다. 모든 석기와 박편에 대해서 무게, 부피, 비중을 알아내야 하고, 석질을 출토 지점과 지층 또 다른 유물과의 상호 관계를 가지고 남북, 동서, 깊이 등의 '호적 기재사항'을 지녀야 하고, 석기의 빛깔, 녹, 또 제작 방법에 대한 고찰을 하여 몇 각도의 타격을 무엇으로 맞았는가? 몇 번이나 때렸

고 한다(박충래 님 통화, 2025년 3월 21일).

[3] 1964년 11월 24일의 〈발굴일지〉(손보기, 1964a)에는 다음과 같이 기록되었다. "10:30 연대 陰影center 李교수 내방. movie film 찍다. 13:00 movie를 찍다. 음영센터 분 출발."

[4] 흔들림을 방지하기 위하여 삼각대와 릴리즈가 이용되었다(김기한 님 통화, 2025년 3월 25일).

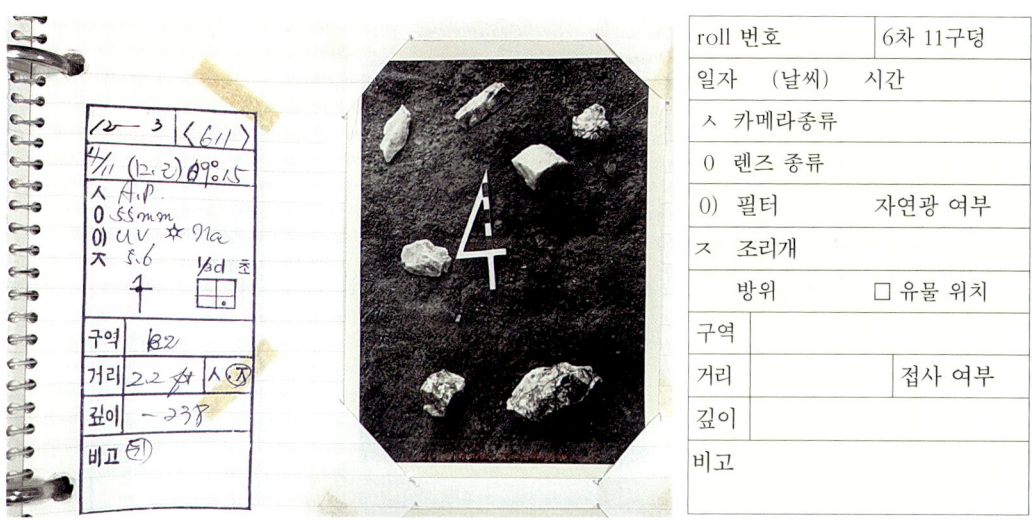

삽도 14 사진대장의 기재 사항 사례(6차 굴, 1969년). 날씨: ㅁ(맑음), ㅂ(바람). 구역: e2. 〔출처〕 연세대학교 박물관.

삽도 15 스냅 사진 사례(3차 발굴, 1966년). 〔출처〕 연세대학교 박물관.

5장 다양한 유형의 발굴 관련 기록물 생산 • 61

는가, 직접인가 간접타격인가, 원통식, 계단식, 홈파기, 누르기 등의 방법도 분간하여야 하며 혹, 혹밑자국, 방사선 등의 현상과 또 통계적인 고찰도 하여야 한다. 나아가서는 각 석기의 실측도를 그려야 하고, 등록 번호를 매겨야 하며, 명칭도 지어야 한다. 그리고 문화 관계가 어떤가, 다른 문화와의 비교를 한다.

이것만이 아니다. 지질적인 조사를 하여 지질 연대와 문화 연대의 상관관계를 조사하여야 한다. 또 고생물학적인 연구가 뒷받침을 해주어야 한다. 각 지층의 포자나 화분이 그 시대의 것이 남아 있을 것이니까 그것을 찾아서 식물의 진화 과정 및 그 시대의 식물 분포와의 관계를 밝혀서 식물의 연대를 찾아내고, 당시의 자연 환경을 찾아내는 것이다."〔손보기, 1966, 〈3차에 걸친 금강 유역 구석기 유물 발굴 중간보고서〉, 《연세춘추》 1966년 7월 25일〕

꼬리표에 적은 사항을 기반으로 유물대장이 작성되며 여기에는 사진 관련 사항 등이 별도로 추가된다. 유물대장에 등록되는 유물은 현장에서 수거된 것들 가운데 구석기 유물로 인정되는 제품에 해당한다. 이 과정에서 발굴번호 대신에 등록번호가 새롭게 부여된다(삽도 16). 이에 뒤를 이어 유물별로 유물카드가 작성된다. 여기에는 각각의 제품과 관련을 맺고 있는 열두 가지 속성이 기재된다(삽도 17 참조). 발굴 보고서에 실리는 유물의 경우에는 개별적인 실측 도면이 덧붙여지기도 한다(삽도 18, 19).

이 밖에도 매우 다양한 유형의 대장과 도면 등이 작성되었다. 그 목록을 소개하면 다음과 같다.[5]

* 석제품: 암질별 유물 통계, 명칭 지층별 유물 통계, Tool 암질 무게 통계, 주거지층 연모별 유물 통계.
* 사진: 접사기록 대장, 석장리 슬라이드 대장, 유물 사진 Scrap Book.
* 유물 그림: 석장리 유물 실측 그림(트레이싱), 석장리 유물 청사진.
* 각종 평면도, 단면도
* 자연과학 분석: 토양·목탄 대장, 토양 수침검사, 체분석.

---

[5] 각종 대장 등을 주제별로 구상하고, 작성하는 데는 여러 사람이 참여하였다. 예를 들어, 1973년도의 참여 명단은 다음과 같다. 손보기, 이융조, 최복규, 박희현, 박영철, 박영재, 이식재, 이경희, 한창균, 박충래, 김기한, 안혜경, 강문자(Sohn, 1973).

삽도 16 흑요암 돌날(발굴번호: 16-21, 등록번호: 11-40-41)과 주먹도끼(발굴번호:17-7, 등록번호: 11-36-49)의 유물대장 기재 사항. 〔출처〕 연세대학교 박물관. * 'sll'은 'spall(조각, 부스러기)'의 줄임말.

삽도 17 주먹도끼 유물카드의 기재 사항(등록번호: 11-36-49). 〔출처〕 연세대학교 박물관.

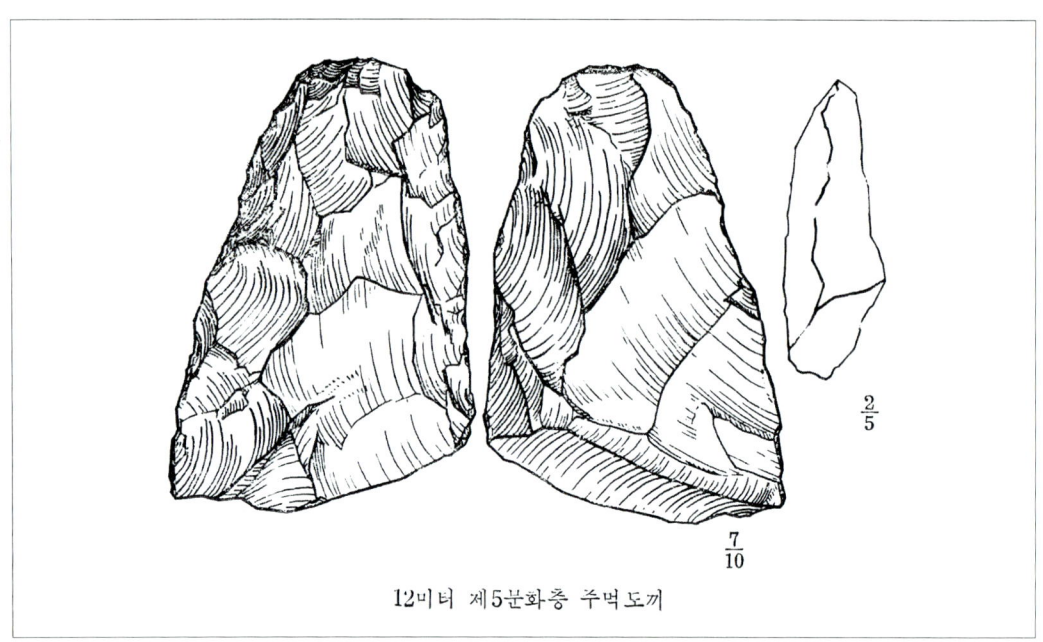

삽도 18 주먹도끼 실측도(등록번호: 11-36-49). 〔출처〕 손보기(1967).

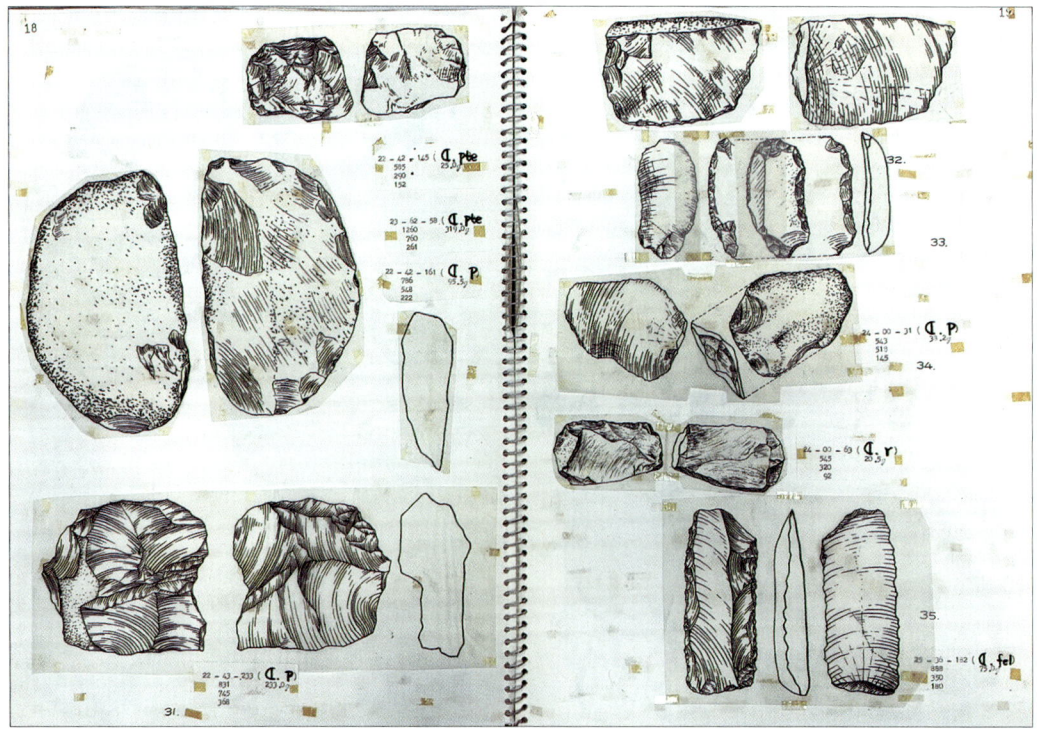

삽도 19 석장리 유물(1965 발굴) 실측 그림 대장. 〔출처〕 연세대학교 박물관.

6장

한국사 통사류 및 검정 국사 교과서 수록

6-1. 통사류

우리나라의 언론 매체에서 구석기시대(또는 고석기시대)라는 용어가 처음 소개된 것은 1920년대 초의 일이지만(한창균, 2014a), 당대에 걸쳐 우리나라에서 구석기 유물이 보고된 유적은 한 군데도 없다(신숙정, 1993; 강인욱, 2008; 이기성, 2010a 참조).

1930년대 초·중반, 한국사 발전 단계의 보편성과 특수성을 구명하고, 그 문제를 해명하는 인식 방법을 두고 국내 학자들 사이에 여러 논의가 있었다(방기중, 1992). 그 가운데 원시사회의 등장에 관한 논쟁의 중심에는 백남운과 한흥수가 있다고 볼 수 있다.

A "인간 최초의 돌도구를 원시 석기Eolith라 칭하며 다시 그 가공의 정도에 따라 고석기古石器(Paleolith)와 신석기新石器(Neolith)로 대별하는데, 원시 조선이 고석기시대를 경과한 것은 약간의 출토품에 의해서도 확증되는 바이다."〔백남운(하일식 옮김), 1933(1994:86)〕

B "조선 석기문화기石器文化期 연대를 추정하는 데는 신석기문화기 이강以降 즉 대륙 북방에서 인류군人類羣(Horde)이 구석기 기술(문화)에서 서서히 탈각脫却되여 마제석기 제작 기술을 점점 습득하면서 수렵 경제 내지 채취 경제생활을 계속하는 동안 점점 남진南進하야 조선반도에 도착하든 때부터 한족漢族이 조선반도에 농업경제를 이식하기까지, 조선 석기문화는 건설되였든 것이니, 조선 석기시대(신석기시대)는 약 1만 년 이래 약 2천여 년 전에 시종始終했다고 볼 수 있다.(졸고《批判》작년 12월호)"〔한흥수(1936:132)〕

위 인용문(A, B)에서 읽을 수 있듯이 백남운(《朝鮮社會經濟史》, 1933)은 조선 땅에서 발견된 타제석기 가운데 일부를 구석기 유물로 인정하며, 신석기시대 이전에 구석기시대가 있었다고 언급하였다. 반면에 한흥수는 그러한 백남운의 주장에 반대하는 의견을 표명하였다. 다시 말해서 그는 조선에서는 구석기시대의 것으로 확증되는 유적·유물이 아직까지 드러나지 않았음을 언급하며, 조선의 원시 사회는 신석기시대부터 시작된다고 서술하였다.

해방 이후, 한국의 선사 고고학과 고대사 연구 분야에서 해결해야 할 필수 과업은 새로운 유적의 발굴과 연구를 바탕으로 우리 역사에 내재하는 자주적 발전 과정을 왜곡시킨 이른바 '금석병용기설'(최몽룡·신숙정, 1992; 이기성, 2010b)의 허구성을 밝힐 뿐만 아니라 신석기시대에 앞선 구석기 유물을 찾아내는 일이었다고 말할 수 있다. 그리고 이를 통하여 이 땅에서 전개된 선사 문화의 성격과 그 흐름의 얼개를 바로 잡는 것이었다. 그렇지만 거기에 다다르는 일은 결코 쉽게 이루어지지 않았다. 예를 들어, 원시시대의 등장 시기와 관련하여 《新修 國史大觀》(이병도, 1956)에 서술된 내용(인용문 C)은 20년 전 한흥수가 주장했던 것과 비교해서 별다른 차이 없이 거의 그대로 되풀이되었다.

C "아직 만주와 한국 안에서 구석기시대의 유적과 유물이 발견되지 아니함을 보아, 이 방면 인류군人類群의 내주來住는 신석기시대 이전에 거슬러 올라갈 수 없다. 우리의 선민先民들은 대륙 북방에서 이미 구석기시대를 경과하고 신석기 기술을 습득하면서 수렵 경제 내지 채취 경제생활을 계속하는 동안에 동진東進하여 온 것으로 볼 수 있다." (이병도, 1956:14)

1950년대 말 무렵에 접어들어 구석기시대의 존재 여부와 관련하여 남·북한 쌍방에서 관심의 대상이 되었던 것은 동관진(강안리) 유적에서 보고된 출토 유물(석기, 골기)의 성격에 대한 재평가 문제였다. 잘 알려진 것처럼 일제강점기 시절, 나오라 노부오(直良信夫, 1940)는 동관진 유적의 갱신세 황토층에서 동물 화석과 함께 구석기시대의 인공 유물(석기, 골기)이 발견되었다는 글을 발표하여 주목을 받은 바 있다.[1] 이에 대하여 황기덕(1957b)은 구석기시대에 속하는 것으로 알려진 유물이 신석기시

---

1) 반면에 '금석병용기설'을 주창했던 후지타 료사쿠(藤田亮策, 1948:53-54)는 동관진 출토 유물에 대하여 다음과 같이 평하였다. "신석기시대의 무덤 또는 그 부근에서 세석기 같은 석인(石刃)·녹각제품 등과 함께 다수의 동물 뼈를 발견한 것은 웅기 송평동(松坪洞)·용수동(龍水洞) 패총에서 경험한 것으로 그 보고서에 제시된 유물이 화석과 어떠한 상황으로 발견되었는지가 명시(明示)되지 않는 한, 서둘러 이것을 가지고 구석기문화 유산이라고 바로 단정할 수 없다. 한반도에 있어 최초의 구석기 존부(存否)에 관한 문제인 만큼 진중한 재조사를 필요로 한다."(김은정 옮김) 한편, 근래에 들어와 두만강 상류의 화룡시 대동 유적(和龍大洞, Helong Dadong, 길림성 연변조선족자치주)에서는 산소동위원소 2기(MIS 2)에 속하는 문화층(약 27-15 ka cal BP, 95.4%)에서 흑요

대 문화층과 관계가 있는 것으로 서술하였던 반면에 1958년 북한에서는 '동관리 홍적기 동물 화석층'이 지질 연구상 중요한 지층임을 인정하여 이곳을 주요 명승·천연기념물(제29호)로 지정하였다(조선중앙통신사, 1958).

이와 때를 같이 하여 남한에서 동관진 유적의 출토 유물을 구석기시대에 속하는 것으로 간주하는 글(인용문 D)(김정학, 1958)이 발표되어 관심을 끌었다. 반면에 《韓國史(古代篇)》(김재원, 1959)에는 인공을 가한 흔적이 출토 유물에서는 찾기 어렵다는 내용(인용문 E)이 서술되었다. 한편 《國史新論》(이기백, 1961)에는 구석기 유적의 존부存否에 관한 양쪽의 서로 다른 견해가 소개되었다(인용문 F). 따라서 누구나 인정하는 구석기 유적을 찾아내는 일이 고고학 분야에서 해결되어야 할 시급한 과제로 떠올랐고, 이런 분위기에서 한국에서 구석기시대 유적의 발견 가능성에 대한 높은 기대감이 표명되었다(김재원, 1959; 이기백, 1961; 김원룡, 1964).

D "동관진 유적은 그 지층의 지질학적 성격, 그곳에 포함되어 있던 포유류 동물의 화석 및 문화 유물의 삼자가 갱신세 중기 또는 조금 뒷 것이라는 시대 결정에 있어서 서로 부합되고 모순됨이 없는 것으로 보겠고, 또한 여러 가지 점에 있어서 만주 '구·쌍·툰'의 유적과 가까운 시대의 것이라 생각된다. 이에 우리는 동관진의 연대봉 유적을 아직 여러 가지 의문점이 있으나, 한국에 있어서의 구석기 시대 유적으로 간주하는 바이다."(김정학, 1958:14)

E "함경북도 두만강 연안인 동관진 부근에서 덕영중강德永重康·삼위삼삼森爲三의 두 일인학자가 골기骨器·석기石器 등의 구석기시대의 유물을 발견하였다고 하여, 직량신부直良信夫라는 사람이 그것을 한국에 있어서의 큰 발견인 것처럼 소개한 일이 있다. 그러나 직량신부의 발표에 명시되어 있는 바와 같이, 그 석기에는 인공人工이 가하여져 있다는 뚜렷한 흔적이 별로 없고, 그 골기라고 소개된 녹각鹿角에도 구석기시대인이 만들었다는 확증이 별로 없고, 다만 인공을 가한 듯이 보이는 자연적인 것으로 생각되어 아직까지 학계에서 구석기시대의 유물로 인정받지 못하고 있다."(김재원, 1959:4)

F "구석기시대의 것으로 생각되는 유적으로는 반도 북단北端인 두만강 기슭의 동관진에서 발견된 것이 있을 뿐이다. 이 유적에서는 포유동물의 화석과 함께 인공이 가해졌다고 생각되는 한 개의 석기와 약간의 골각기가 발견되었던 것이다. 하지만 이 부근에는 신석기시대 유적이 많이 산재散在해 있어서 그것과 서

암 돌날, 좀돌날, 격지, 잔손질 석기 등이 발견되어 주목된다(徐廷 외, 2023; Xu et al. 2024).

로 혼효混淆되었을 가능성이 있으므로 동유적同遺跡 출토의 유물을 곧 화석과 연결시켜서 구석기시대의 것으로 단정하기를 꺼려 왔다. 그러나 유물이 출토하는 황토층의 지질적 성격이나 동물의 화석 및 유물 등을 만주·화북華北 등의 그것과 비교 연구한 결과 그것이 구석기시대의 유적일 것이라고 추정하는 긍정적인 견해도 있다."〔이기백, 1961:11〕

'인용문 A~F'에 서술된 것처럼 한국에 있어 구석기시대의 존재 여부에 대한 문제는 1930년대 초부터 논의되었다(한창균, 2014a). 그리고 약 30년 뒤, 북한의 굴포리(1963년)와 남한의 석장리(1964년) 유적에 형성된 갱신세의 퇴적에서 인공으로 만들어진 구석기가 드디어 발견되었다. 두 유적의 발굴을 통하여 이 땅에서 전개된 인류 문화의 역사가 구석기시대로 올라간다는 사실이 분명하게 확인되었다. 이에 따라 동관진 유적에서 불거진 구석기시대의 존재 여부에 대한 논란은 마침표를 찍으며 새로운 이정표를 맞이하게 되었다.

'인용문 G~H'에서 읽을 수 있듯이 《韓國史新論》(이기백, 1967), 그리고 《韓國通史》(한우근, 1970)에 서술된 내용은 우리 역사의 선사시대 편년 체계를 새롭게 확립하는 문제와 관련하여 굴포리와 석장리 유적이 이바지한 바를 이해하는 데 도움을 준다. 요컨대, 굴포리와 석장리에서 얻은 발굴 성과는 남·북을 통틀어 1960년대를 대표하는 고고학 수확물이라고 말하여도 이는 결코 지나친 표현이 아닐 것이다.

G "그런데 최근에는 여기저기서 구석기시대의 유적이 보고되기 시작하였다. 그러므로, 가까운 장래에 한국의 구석기문화에 대한 보다 정확한 지식을 얻게 될 것이 틀림없다고 믿는다."〔이기백, 1967:13〕

H "제2차세계대전 전에도 위에서 말한 바와 같이 두만강 유역의 종성鍾城 부근에서 수골화석獸骨化石과 함께 타제석기가 발견되어, 이것을 구석기시대의 유물이라고 주장했던 사람도 있었다. 그러나 그 지역에는 신석기시대의 유물도 많이 흩어져 있어서, 이러한 부정확한 조건하에서 채집되었다는 그 유물이 과연 구석기시대의 것으로 단정되기는 어려웠다. 일본 안에서도 구석기시대 유물이 발견되지 않았던 당시에 있어서 비록 부정확한 것이라 해도, 상당히 주목되었어야 할 것임에도 불구하고, 이 유물이 던져준 문제는 오랫동안 그대로 무시되어 왔던 것이다. 그러던 것이 1963년에 이르러 한국의 동북 지방인 함경북도 웅기雄基 근처의 패총 밑에서 구석기시대의 문화층이 발견되었다. 여기서 출토된 외날찍개chopper나 쌍날찍개chopping-tool와 같은 석영암 석기pebble chopping-tool를 만든 솜씨는 상당히 진전된 것이어서, 구석기시대의 전기에 속하는 것으로 알려졌다. 1964년에는 금강 북안北岸에 위치한 공주 석장리에서 구석기

시대의 문화층이 발견되었다. 여기서 발굴·채집된 구석기 중에는 그 형식상 유럽의 구석기시대의 석기와 비교될 수 있는 것이 있으며, 그 문화층의 여섯 번째 층에 해당하는 부분에서 출토된 숯[木炭]이 방사성탄소연대측정에 의하여 약 30,690년 경과된 것으로 구석기시대 후기에 속하는 것임이 밝혀졌다. 그 밖에도 이 지역에서 그리 멀지 않는 한 동굴[2] 속에서도 구석기시대의 유물이 발견되었다. 그러므로 적어도 3만 년 이전에 한국에는 노천주거露天住居나 동굴에서 동물을 잡아먹고 살아가던 구석기시대인이 생존하고 있었다는 것은 확실한 사실이 되었다. 이 석장리의 구석기시대 문화층에 대한 더 상세한 연구보고가 얻어지게 되면 한국의 구석기시대 문화의 내용이 밝혀질 것이다."[3] 〔한우근, 1970:15-16〕

6-2. 검정 국사 교과서(인문계 고등학교)

제2차 교육과정의 개편에 따라 국사 교과서(인문계 고등학교)의 검정이 1968년 1월 11일에 이루어졌다. 이때 문교부 검정에 통과한 국사 교과서는 11종이었다(조성운, 2019:230~231). 그중 4종의 국사책에 실린 내용을 살피면 다음과 같다(인용문 I, J, K, L 참조).

I   "【신석기 시대의 유물과 유적】 근래 우리 나라에서도 구석기舊石器 시대의 유물과 유적이 나타난다고 하나, 아직 확실하지 않다. 오늘날 우리의 오랜 조상들이 이 땅에 남겨 놓은 것은 대부분 신석기 시대의 유물과 유적으로, 그것은 전국 각처에서 발견되고 있다. 그 가장 오랜 연대年代는 역시 자세하지 아니하나 대략 서기전 2,000년경이 아닌가 생각된다." 〔이병도, 1968(2월 발행):3-4〕

J   "【석기 시대의 유적과 유물】 세계 인류의 역사는 구석기 시대舊石器時代부터 밝혀지고 있다. 근래 우리 나라에서도 남북에서 각각 구석기 시대의 유물과 유적이 발견되어 가고 있으나 아직 충분한 결과를 발표할 단계에 이르지 못하고 있다.

【구석기의 발견】 구석기 시대는 지질 연대로 보면 홍적세에 속하고 아울러 화석에 그 동·식물이 나오는 연대로서 그 하한기는 만萬년 이상으로 생각되고 있으며 아직 토기를 모르고 석기도 타제 석기를 만들

---

2) 공주 마암리 동굴을 가리킨다. 구석기 유물이 출토된 것으로 보고되었으나 그 후 구석기가 아닌 것으로 언급되었다(김원룡, 1967: 1981; 1987b 참조).
3) 한우근 교수(서울대학교)는 1966년 4월 25일, 석장리 유적 발굴장을 방문한 바 있다(연세대학교 박물관, 1966).

타제석기

어서 썼던 단계로서 신석기 시대新石器時代와는 질적으로 다른 시대이다.

1933년에 두만강豆滿江의 동관진潼關鎭에서 구석기 시대의 것으로 보이는 석기와 골각기를 채집한 일이 있었으나 애매한 점이 많아서 일반적으로 믿어지지 못하고 있다. 그러나 1964년 이래로 충남 공주군公州郡 장기면長岐面 석장리石壯里의 금강錦江가에서도 구석기 시대에 속한다고 보는 석기를 많이 발굴하였으며, 이 유적에서 토기가 반출搬出되지 않은 것은 확실한데 그것이 중석기中石器 시대 것인지 더 올라가서 구석기 시대 것인지는 장차 더 연구하여야 밝혀질 것이다. 하여간에 이와 같은 발견은 우리 나라 선사 시대에 대하여 중요한 문제를 제시提示하고 있다."⁴⁾ 〔이홍직〔1967(12월 발행):6-7〕

K "【구석기 문화의 문제】1945년 이전에 우리 땅에서 구석기 시대의 유적이라고 생각되는 것이 발견된 곳은 두만강 기슭의 동관진潼關鎭뿐이었다.①

우리와 이웃한 중국 각지와 만주에서 홍적세洪積世 전기 이래의 구석기 시대 인류, 또는 그와 관련되는 유적과 유물이 많이 출토되었으며, 또 바다 건너 일본에서도 제2차 대전 후에 구석기 시대 유물이 다수 발견되었다. 이렇게 한국 주변 여러 지역에서 구석기 시대의 유적이 다수 발견되고 있으니, 우리 나라에서도 구석기 시대인이 살았다고 생각할 수 있다. 최근 이에 대한 발굴이 보도되어 주목되고 있다.②"

① 이 유적에 대하여도 이설이 있으나, 출토 지층의 지질, 발굴된 화석과 유물이 만주·화북의 것과의 비교 연구에 의해서 구석기 시대의 것이라 단정하고 있다.
② 1964년 이래 연세 대학교에서 실시한 공주 금강 연안 석기 포함층의 발굴에서도 구석기 시대의 유물이 나왔음이 보도되었다. 〔이원순, 1968(1월 발행):5〕

L "【원시 사회와 부족 국가 시대: 개관】우리 민족의 먼 조상들은 일찍이 만주와 한반도에 흩어져 살면서 이미 구석기舊石器를 만들어 쓸 줄 알았다.

【원시 시대의 유적과 유물】우리 나라에 있어서도 지질학상 제4기第四紀 홍적세洪積世에 살았던 동식물의 화석化石과 구석기 시대의 유물로 믿어지는 각종 석기*가 발견되어 한반도에도 구석기인이 살았으리라는 사실은 거의 틀림없는 것 같다.

---

4) 이홍직 교수(고려대학교)는 1966년 4월 30일, 석장리 유적 발굴장을 방문한 바 있다(연세대학교 박물관, 1966).

* 수십 년 전에 두만강 연안인 동관진潼關鎭에서 돌칼과 녹각 제품鹿角製品이 발견되었고, 최근에 함경 북도 경성鏡城 지방에서 구석기가 발견되었으며, 현재 충청 남도 공주公州 근방에서 다수의 구석기가 발굴·조사되고 있다. [한우근, 1968(2월 발행):2, 5]

위에 열거된 세 가지 인용문을 검토할 때, 인용문 I에 서술된 내용은 다른 두 인용문(J, K)과 비교해서 뚜렷한 차이를 보여준다. 다시 말해서 인용문 I의 경우, 새로운 구석기 유물·유적의 발견에 대하여 물음표를 던지며, 한반도에서의 우리 민족 형성 시기를 신석기시대로 한정하려는 경향이 엿보인다. 그런데 이러한 경향은 약 10년 전 간행된《국사》[이병도, 1957(3월 수정 발행)]에서 표명된 것과 크게 다를 바가 없다고 생각된다.

반면에 인용문(J, K, L)에서는 동관진 유적에서 제기되었던 문제점을 알려주며, 구석기로 볼 수 있는 유물이 공주에서 나왔다는 사실이 설명되었다. 특히 이홍직이 쓴《국사》에는 석장리에서 출토된 유물의 사진이 곁들여 있어 색다른 데가 있어 보인다. 이 같은 시각 자료는《韓國史新論》(이기백, 1967)이나《韓國通史》(한우근, 1970)에는 들어 있지 않다.

이 땅에서 드러난 구석기 유적에 관한 내용이 1960년대 후반기 이래, 한국사 통사류 또는 고등학교의 교재용 국사책에 실렸다는 사실은 매우 뜻깊은 의미를 지닌다. 이것은 우리나라 선사 문화의 단계별 발전 과정이 구석기시대부터 계기적으로 이룩되었다는 공감대가 널리 확산될 수 있도록 해주었다.

7장

사적 지정과 석장리박물관 개관

7-1. 사적 지정

역사적·학술적·예술적 가치가 뛰어난 고고학 유적은 문화재청 문화재위원회(현 국가유산청 문화유산위원회)의 심의를 거쳐 국가 지정 사적으로 등재되었다. 현재까지 사적으로 등재된 구석기 유적은 다섯 군데에 이른다(표 6).[1]

석장리 유적은 1990년 10월 31일 사적으로 등재되었는데, 첫 발굴이 시작된 이래 26년이라는 세월이 흐른 뒤였다. 그런데 사적으로의 지정 시점과 관련하여 '전곡리 유적'이나 '주월리와 가월리 유적'(이선복·이교동, 1993)의 경우는 석장리 유적과 사뭇 달랐다.

전곡리 유적은 1978년부터 공개적으로 알려졌으며(김원룡·정영화, 1979; Bowen, 1979), 1979년 봄에 1차 발굴이 이루어졌다.[2] 그리고 2차 발굴이 진행되는 기간 중, 곧 그해 10월 2일에 사적으로 지정되었다. 1~3차에 걸친 발굴 성과를 담은 보고서(정영화, 1981)가 1981년 5월에 발행된 점에 비추어볼 때, 전곡리 유적의 사적 지정은 매우 특이하게 빠른 속도로 추진되었다고 판단된다. 반면에 석장리 유적은 1964년의 첫 발굴 이후 사반세기가 지나는 동안 국가 지정 사적과 같은 평가를 제대로 받지 못

---

[1] 한편 시·도 기념물로 지정된 구석기 유적은 다음과 같다. 경기도: 광주 삼리 유적(188호, 2003년). 충청북도: 단양 금굴(102호, 1994년), 구낭굴(103호, 1994년), 제천 점말 동굴(116호, 2001년). 대전광역시: 둔산 선사유적(28호, 1992년, 구석기·신석기·청동기 복합 유적), 용호동 유적(42호, 2006년). 전라북도: 임실 가덕리 하가 유적(2023년). 전라남도: 순천 죽내리 유적(172호, 1995년), 장흥 신북 유적(238호, 2008년).

[2] 전곡리 유적 1차 발굴: 1979년 3월 26일~4월 13일. 2차 발굴: 1979년 9월 17일~11월 30일. 3차 발굴: 1980년 10월 3일~12월 3일(김원룡·배기동, 1983 참조).

<표 6> 사적으로 지정된 구석기 유적

사적 지정 명칭(현 소재지)	최초 발굴 연도	지정 일자(지정 번호**) (전체 대상 면적, 2025년 기준)	비고
연천 전곡리 유적 (경기도 연천군 전곡읍 전곡리)	1979년	1979년 10월 2일(제268호) (799,022m^2)	박물관 개관 (2011년 4월 25일)
공주 석장리 유적* (충청남도 공주시 석장리동)	1964년	1990년 10월 31일(제334호) (108,681m^2)	박물관 개관 (2006년 9월 26일)
파주 주월리와 가월리 유적 (경기도 파주시 주월리와 가월리)	1993년	1994년 12월 21일(제389호) (41,565m^2)	
단양 수양개 유적 (충청북도 단양군 적성면 애곡리)	1983년	1997년 10월 10일(제398호) (212,208m^2)	선사유물전시관 개관 (2006년 7월 25일)
순천 월평 유적 (전라남도 순천시 외서면 월암리)	1998년	2004년 12월 27일(제458호) (176,521m^2)	

* 석장리 유적의 지정 당시 명칭은 '공주석장리구석기유적'이었다. '공주 석장리 유적'으로의 명칭 변경은 2011년 7월 25일 시행되었다(문화재청 고시 제2011- 호(2011년 7월 28일) 참조).
** 지정 번호제는 2021년 11월 19일부터 폐지되었다(문화재청 고시 제2021-141호(2021년 11월 19일) 참조).

한 상태에 머물러 있었다.

    석장리 유적이 사적으로 지정될 당시의 문화유산 구역은 8,344m^2(16필지), 보호구역은 46,251m^2(57필지)였다. 그런데 여기에는 구석기 유물이 처음으로 모습을 드러낸 2지구의 일부가 빠져 있었다(석장리동 93번지 일대)(삽도 20, 왼쪽 A 부분, 삽도 21 참조). 다행히 13차 발굴(2010년)을 통하여 최초 구석기 출토 지점을 찾을 수 있었다. 조사를 진행하는 동안 약 45년 전의 발굴 당시에 쓰였던 녹슨 대못과 비닐 조각 등이 드러나기도 하였다. 이번 조사에 의하여 과거 2지구에서 이루어진 층위 구분이 정확하였음을 재확인하였으며, 유물의 출토 범위가 그 동쪽 일대, 곧 금강 상류 지점(석장리동 90번지 일대)[3](삽도 20, 오른쪽 B 부분)으로 확장된다는 사실도 밝혀낼 수 있었다(한창균·정봉구, 2012). 이에 2018년 문화유산 구역 범위가 추가로 확대되어 전체 지정 면적은 12,870m^2(21필지)이다(문화재청 고시 제2018-73호, 2018년 6월 21일). 그 뒤 2020년(문화재청 고시 제2020-47호, 2020년 5월 27일)과 2021년(문화재청 고시 제2021-71호, 2021년 6월 15일)에 보호구역이 추가로 지정되어 전체 보호구역의 면적은 95,811m^2(130필지)에 이른다(삽도 22).

    잘 알려진 것처럼 이와주쿠岩宿 유적은 1949년 일본에서 구석기시대의 존재가 처음으로 확증된

---

[3] 이곳에서 상류 방향으로 100m 정도 떨어진 지점(전 88-2번지)이 2차 발굴 시기에 조사되었으나 문화층은 확인되지 않았다(연세 제6-53호, 부록 1-12, 부록 2-6 참조).

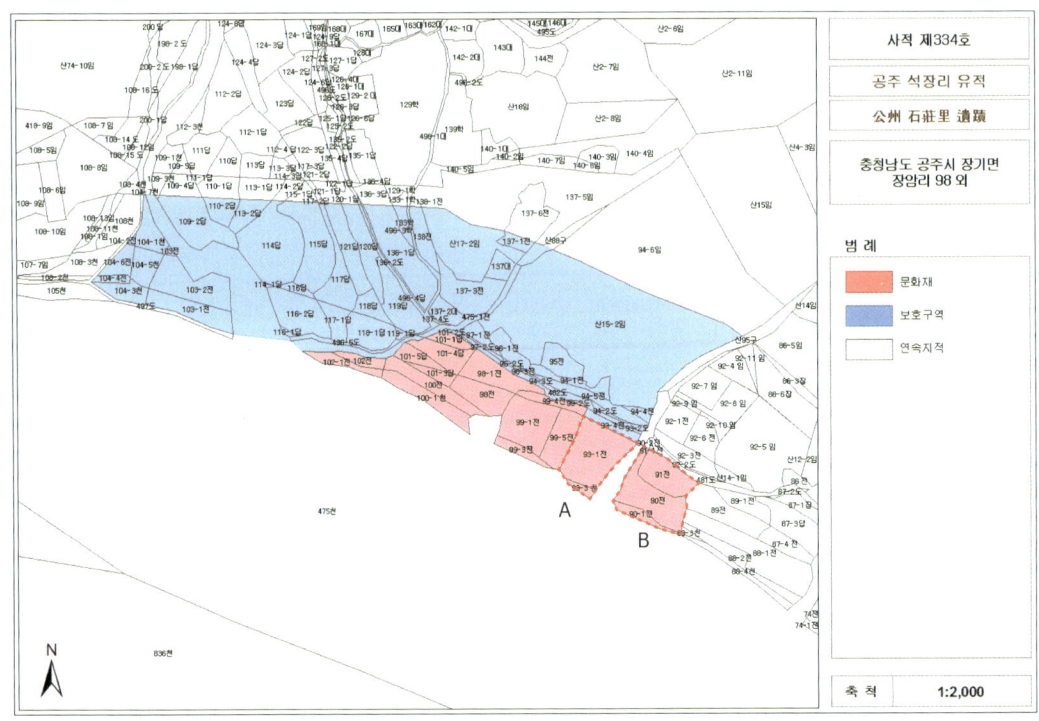

삽도 20 2018년에 추가로 지정된 석장리 유적의 문화유산 구역(A, B). 〔출처〕 문화재청 고시 제2018-73호(2018년 6월 21일).

삽도 21 석장리 유적에서 최초로 발굴된 2지구(1구덩)의 위치를 알려주는 깃발과 깃발 자리(●).

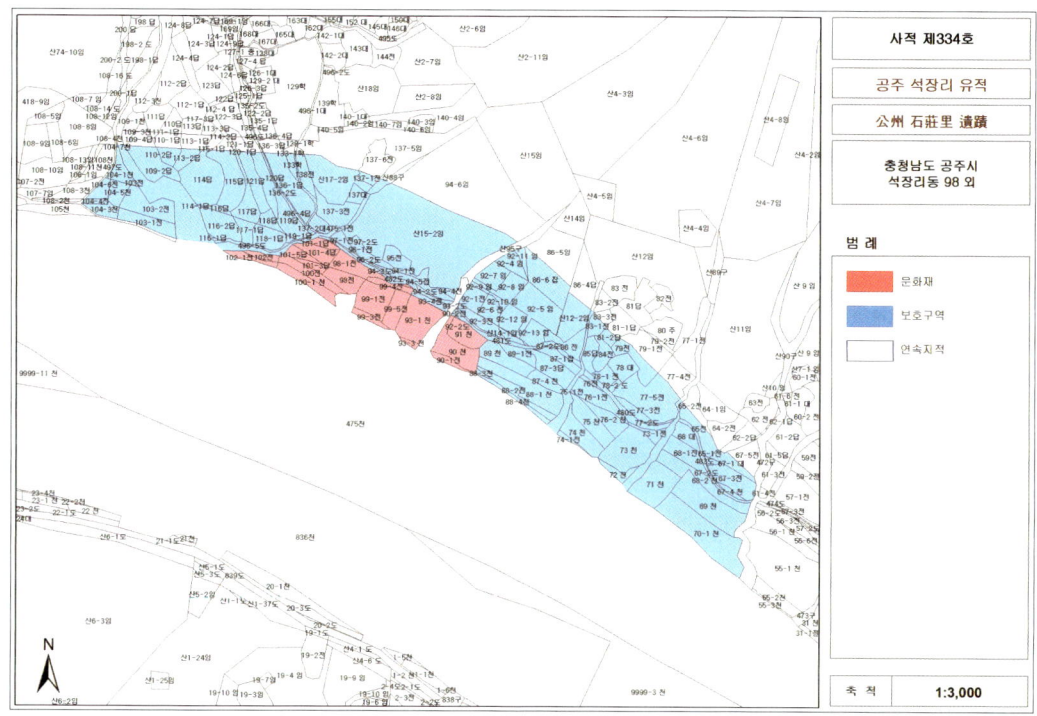

삽도 22 석장리 유적의 국가 지정 문화유산 구역(12,870㎡)과 보호구역(95,811㎡) 현황. 〔출처〕 문화재청 고시 제2021-71호 (2021년 6월 15일).

곳이다. 이 유적의 초기 발굴에서 출토된 유물〔1건 243점, 메이지明治 대학 소장〕은 1975년 중요문화재重要文化財로 지정되었고, 유적은 1979년 국가 사적으로 등재되었다(석장리박물관, 2013; 岩宿博物館, 2017).[4]

북한에서는 역사유적을 국보유적과 보존유적으로 구분하여 등록되며, 역사유물은 국보, 준국보, 일반유물로 분류된다(김현우, 2021). 구석기시대에 해당하는 국보유적으로는 검은모루 동굴유적(황해북도 상원군 흑우리)과 향목리 동굴유적(평양시 강동군 향목리, 구석기·신석기·청동기 복합유적)이 있다.[5] 검은모루 동굴에서 출토된 주요 석기는 국보로 지정되어 주목된다(국립중앙박물관,

---

[4] 일본의 구석기 유적 가운데 18곳은 국가 사적, 8곳의 유물은 중요문화재로 지정되었다. 이 중 사적 및 중요문화재로 등재된 곳은 홋카이도 시라타키(北海道 白滝) 유적군, 홋카이도 피리카(北海道 美利河) 유적, 군마 이와주쿠(群馬 岩宿) 유적, 나가사키 센푸쿠지(長崎 泉福寺) 동굴유적 등 네 군데이다. 시라타키 유적군의 경우, 추가로 정리된 유물을 포함하여 1건 1,965점이 2023년 국보로 지정되었다(2025년 2월 19일, 김은정 님 통화).

[5] 보존유적으로는 굴포리와 부포리(함경북도 라선시), 만달리 동굴(황해북도 승호군), 승리산 동굴(평안남도 덕천시), 용곡리 동굴(황해북도 상원군) 등이 있다. 털코끼리 등의 동물 화석이 발견된 강안리(동관진, 함경북도 온성군)와 장덕리 유적(함경북도 화대군)은 천연기념물로 지정을 받았다.

2006 참조).[6]

석장리 유적의 발굴 이후 지금까지 남한에서 알려진 구석기 유적은 580여 군데가 넘는다(한국구석기학회, 2025). 그중 다섯 군데의 유적이 사적으로 등재되었으나 아직까지 일본의 국보 또는 중요문화재, 그리고 북한의 국보처럼 국가로부터 지정을 받은 유물은 단 한 점도 없다. 앞으로 이 점에 관한 논의가 진지하게 검토될 수 있기를 기대한다.

7-2. 석장리박물관 개관

"신 형申兄과 나는 남대문 기계류 판매처에서 평판 ㄱ자 수사를 구입 후 신 형申兄은 시내로 본인은 용산 뻐스 정류소로 향하였다. 공주행 뻐스는 오후 2시 20분에 있었다. 공주 착着 오후 7시 40분. 충남하숙忠南下宿에 투숙. 이융조 씨와 동숙同宿." [정명호, 1964]

지극히 당연한 말이겠지만 60여 년 전의 교통편은 오늘날과 비교해서 몹시 불편하였다. 서울에서 공주로 오가는 시외버스도 자주 없었을 뿐만 아니라 용산 버스정류소에서 공주에 도착하는 데 무려 5시간 20분이 소요되었다. 공주에서 석장나루石場津까지 오려면 버스나 택시를 이용할 수 있었으며, 그렇지 않으면 도보(공주대교-석장나루 직선거리: 약 4.7km, 약 1시간 소요)도 가능했다. 그리고 석장나루에서 금강을 건너 마을로 가려면 사공이 부리는 작은 배에 또다시 몸과 짐을 실어야 했다.[7]

1995년 12월 말 장암교가 준공된 이후 석장리 마을을 오가는 편이 전보다 훨씬 편해졌다. 반면에 장암교로 인하여 유적을 비롯한 마을의 경관이 크게 훼손된 점도 부인할 수 없다. 석장리박물관의 조성과 유적 정비를 계기로 유적을 비롯한 주변 경관은 지난날에 비하여 엄청나게 달라졌다(삽도 23~25 참조).

석장리 유적이 사적으로 등재된 이후, 공주시에서는 이 유적에 고유한 역사적 의의와 학술적 성과를 나라 안팎에 널리 알리고자 전시관 건립을 계획하였다. 1991년 석장리 구석기 유적의 전시관 건

---

[6] 한편 북한에서 조사된 선사시대의 유물 가운데 표대 유적(평양시 삼석구역 호남리)의 빗살무늬토기(신석기시대)는 국보, 서포항 유적(라선시 굴포리)의 타래무늬토기(신석기시대)와 뼈피리(청동기시대)는 준국보로 지정되었다(국립중앙박물관, 2006 참조). 남한에서는 부산의 영선동 조개더미에서 발견된 덧무늬 귀때토기(土器 隆起文 鉢)가 보물(597호, 1975년)로 지정된 바 있다(국가유산청 국가유산포털 참조).

[7] 서울역에서 열차 편을 이용하여 석장리에 올 경우는 약 4시간 30분 정도 소요되었을 것으로 추정된다(김상헌, 1964 참조).

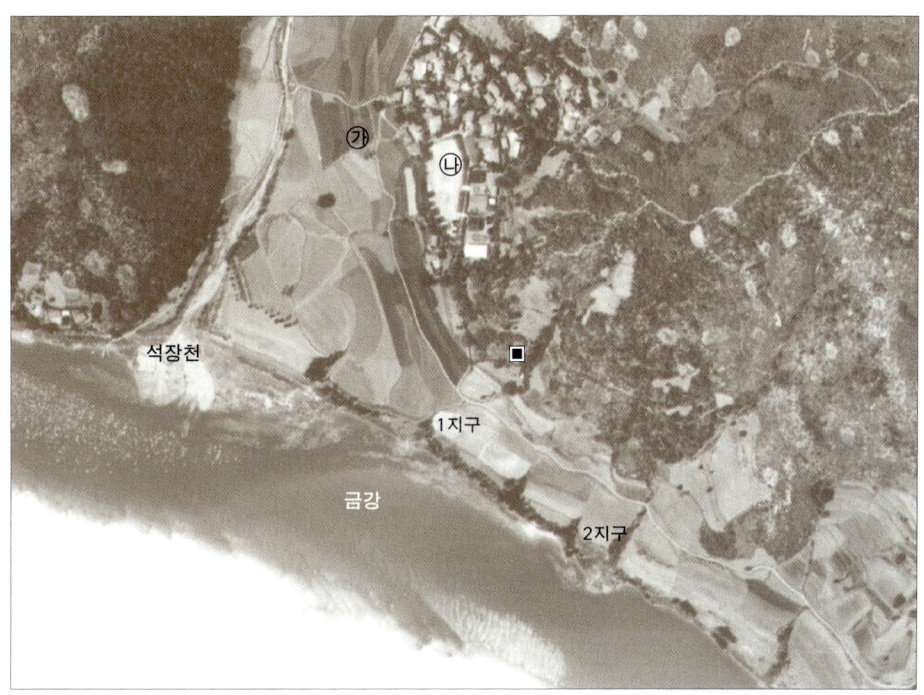

삽도 23 석장리 유적 주변의 항공사진. ㉮ 문화층 발굴(2023년), ㉯ 시굴(2024년, 금벽초등학교 운동장 터), ■ 현장사무실. 〔항공사진 출처〕 국토지리정보원(1968).

삽도 24 석장리 유적과 주변의 모습. ㉮ 문화층 발굴(2023년), ㉯ 문화층 시굴(2024년). 〔지도 출처〕 네이버 지도.

삽도 25 석장리 유적과 주변의 모습(2023년 10월 12일, 정봉구 촬영).

립에 따른 설계가 마무리되었고, 그 후 1996년 문화재관리국으로부터 건립 공사 승인을 받았으며, 1996~97년 문화재관리국의 예산 지원을 받으며 전시관 건축 공사가 완료되었다(《경향신문》 1997년 3월 20일; 석장리박물관, 2010; 2011). 한편 2005년 5월 전시관의 성격이 '전시관'에서 '박물관'으로 승격되었고, 6월 손보기 교수는 석장리박물관 명예 관장, 그리고 박충래는 명예 학예실장으로 위촉되었다(《매일경제》 2005년 6월 3일 참조). 2006년 9월 26일 석장리박물관이 일반인들에게 공개되었는데 이때는 첫 발굴이 이루어진 지 42년 뒤였다(삽도 26). 2009년 5월 5일 파른 손보기 기념관이 개관되었다(삽도 27). 2023년 4월 26일에는 박물관 입구에 방문자센터[8]가 새롭게 문을 열어 방문객들에게 여러 편의를 제공하고 있다.

　석장리박물관은 개관 당시부터 상설전시와 특별기획전시가 함께 운영되었다. 상설전시실은 개관 이후 현재까지 세 차례에 걸쳐 개편되었다. 그때마다 전시 주제를 바꾸어 석장리 유적과 관련된 다

---

8) 2022년 방문자센터 건립 지역(석장리동 115번지 일대)에 대한 시굴조사를 진행하였지만, 구석기 유물층은 발견되지 않았다(한국선사문화연구원, 2022).

파른 손보기는

2005년 6월 3일

석장리박물관 명예 관장으로 위촉되었고,

2010년 10월 31일

우리 곁을 떠나갔다.

삽도 26 석장리박물관 개관식 축사(2006년 9월 26일, 손보기). 〔출처〕 석장리박물관.

삽도 27 파른 손보기 기념관 개관식 축사(2009년 5월 5일, 정영호)와 개관기념 책자. 〔출처〕 석장리박물관.

양하고 색다른 볼거리와 이야깃거리를 제공하였다. 2차 개편의 경우를 제외하고 지금까지 네 종류의 상설전시 도록이 출간되었다(표 7, 삽도 28).

<표 7> 석장리박물관 상설전시실 개관 및 개편 목록

일련번호	개관 및 개편(개막일)	도록(발행일)
1	개관(2006.09.26.)	《석장리박물관》(2006.09.26.) 《석장리, 구석기로의 초대》(2010.04.01., 개관기념 도록 보완)
2	1차 개편(2011.10.14.)	《한국 구석기 연구의 발상지》(2013.08.30.)
3	2차 개편(2018.02.12.)	도록 미간행
4	3차 개편(2024.04.17.)	《석장리, 구석기 이야기. 한국 구석기를 깨우다》(2024.04.17.)

특별기획전은 '선사시대의 예술'이라는 제목으로 시작되었으며, 그로부터 지금까지 열일곱 차례의 특별기획전이 기획되었다. 그중 9회('한눈에 보는 구석기시대, 구석기의 삶')와 10회('네안데르탈인') 특별기획전에서는 안내 책자만 제작되었고 도록은 미발간되었다(표 8 참조). 현재 열리고 있는 17회(석기 이력서-가죽을 다루는 도구들) 특별기획전에서는 도록을 대신하여 동화책,《석장이 가죽 장인이 될래요!》가 발간되었다.

2회 특별기획전에서는 석장리 유적의 발굴(1964~1992년) 현장 사진이 처음으로 집대성되어 관심을 끈다. 한편 3회('또 다른 세상으로. 구석기인들의 죽음과 매장'), 4회('그녀, 인류를 꿈꾸다. 선사 예술에 나타난 여인의 모습'), 5회('북경원인, 한국에 오다'), 6회('일본 구석기의 시작, 이와주쿠'), 8회('프랑스 최고 인류화석. 또따벨 사람, 60만 년의 여정'), 10회('네안데르탈인'), 11회('바다를 건넌 선사인들. 흑요석의 길'), 15회('선사 예술가') 등의 특별기획전(삽도 29~30 참조)은 프랑스[떼라아마타 박물관Musée de Terra Amata, 또따벨 선사박물관Musée de Préhistoire de Tautavel, 또따벨 유럽 선사문화 연구센터Centre Européen des Recherches Préhistoriques de Tautavel 등], 중국[주구점박물관周口店北京人遺址博物館], 일본[이와주쿠 박물관, 메이지 대학 박물관, 홋카이도 매장문화재센터, 나가사키 매장문화재센터], 독일[네안데르탈박물관Neanderthal Museum] 등에 소재한 관계 기관 및 전문가의 협력을 받아 이루어진 바 있다. 이와 같은 작업은 해당 국가에서 이루어진 고고학적 성과를 국내의 구석기학 전공자뿐만 아니라 일반인에게도 널리 알리는 동시에 석장리박물관의 국제적인 위상을 높이는 데 크게 이바지하였다고 판단된다. 최근 석장리 유적 발굴 60주년에 즈음하여 열린 16회 특별기획전('구석기, 위대한 발견')은 공주 석장리박물관, 독일 네안데르탈 박물관, 유럽 빙하기 문화유산 네트워크 Ice Age Europe-Network of Heritage Sites(독일) 사이의 협업을 통하여 개최되었다는 점에서 주목된다.

2008년 봄, 가정의 달 5월을 맞이하며 석장리박물관에서 선사 문화 축제와 석장리 구석기 문화

<표 8> 석장리박물관 특별기획전 목록

일련번호	제목	전시 기간	도록
1	선사시대의 예술 (석장리박물관 개관기념)	2006.09.26.~2007.09.30.	○
2	사진으로 보는 석장리 선사유적 발굴. 우리나라 구석기 발굴의 첫 삽을 뜨다	2008.11.11.~2009.10.30.	○
3	또 다른 세상으로, 구석기인들의 죽음과 매장	2010.04.26.~2011.02.28.	○
4	그녀, 인류를 꿈꾸다. 선사 예술에 나타난 여인의 모습	2011.03.01.~2011.07.08.	○
5	북경원인, 한국에 오다 (한중수교 20주년 기념 문화사업)	2012.04.02.~2023.03.31.	○
6	일본 구석기의 시작, 이와주쿠 (한·일 구석기 문화교류 전시)	2013.07.15.~2014.02.02.	○
7	한국 구석기 50년의 기록 낯선 고고학, 친근한 구석기로의 진화	2014.06.16.~2015.02.28.	○
8	프랑스 최고 인류화식 또따벨 사람, 60만년의 여정	2015.06.15.~2016.08.04.	○
9	한눈에 보는 구석기시대, 구석기의 삶	2016.11.21.~2017.03.01.	×
10	네안데르탈인	2018.05.04.~2019.02.28.	×
11	바다를 건넌 선사인들, 흑요석의 길	2019.05.03.~2020.02.28.	○
12	사냥 혁명	2020.07.02.~2021.02.28.	○
13	선사인의 취향, 현대에 도착하다	2021.05.05.~2022.02.28.	○
14	생각하는 사람, 호모 사피엔스	2022.05.04.~2023.02.28.	○
15	선사 예술가	2023.05.05.~2024.02.28.	○
16	구석기, 위대한 발견(석장리 유적 발굴 60주년 기념)	2024.05.03.~2025.02.28.	○
17	석기 이력서-가죽을 다루는 도구들	2025.05.03.~2026.02.28.	×

* 9회, 10회: 안내용 소책자 발간. 17회: 도록을 대신하여 동화책(《석장이 가죽 장인이 될래요!》) 발간.

재 그림그리기 대회가 개최되었다. 축제 주제는 '석장리, 슬기슬기시대로의 여행'이었고, 선사시대와 석장리 유적과 관련된 체험 프로그램(선사 의상 체험, 뗀석기 만들기, 갈돌·갈판 체험, 움집 만들기, 돌화살 만들기, 선사 토기 만들기, 나무 목걸이 만들기 등)으로 구성되어 있었다(석장리박물관, 2011). 지금에 비한다면 비교적 단출한 규모의 행사였지만 제1회 석장리 구석기축제는 이렇게 첫발을 내딛게 되었다.

 축제의 주제는 해마다 선정되었고, 거기에 어울리는 다양하고 흥미로운 프로그램이 방문객들을 대상으로 진행되었다. 많은 방문객의 적극적인 참여와 성원을 받으며 축제의 규모와 내용은 발전을 거듭하며 오늘에 이르고 있다.

《석장리박물관 개관기념 도록》(2006)

《석장리, 구석기로의 초대》(2010, 개관기념 도록 보완)

《한국 구석기 연구의 발상지》(2013)

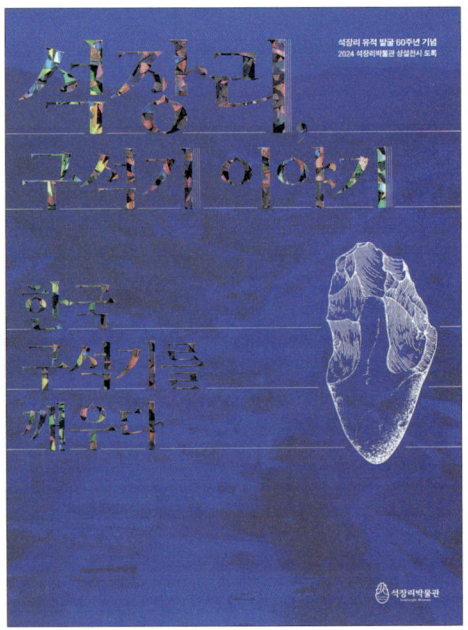
《석장리, 구석기 이야기》(2024)

삽도 28 석장리박물관 상설전시 도록. 〔출처〕 석장리박물관.

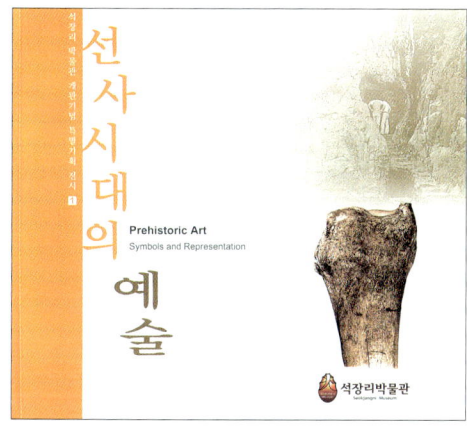
《선사시대의 예술》
(1회, 2006.09.26.~2007.09.30.)

《사진으로 보는 석장리 선사유적 발굴》
(2회, 2008.11.11.~2009.10.30.)

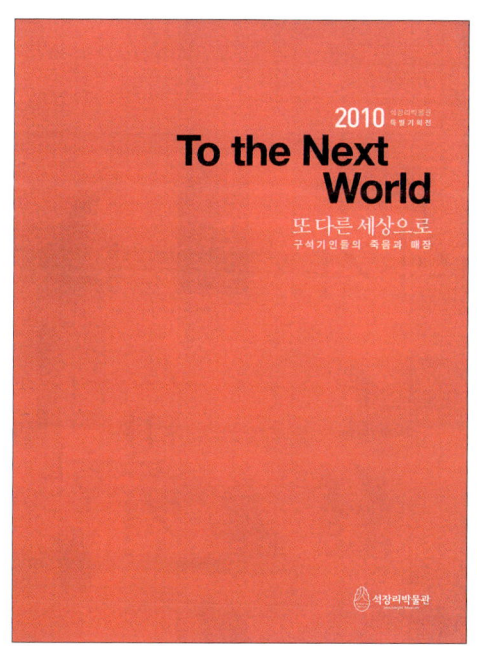
《또 다른 세상으로, 구석기인들의 죽음과 매장》
(3회, 2010.04.26.~2011.02.28.)

《그녀, 인류를 꿈꾸다. 선사예술에 나타난 여인의 모습》
(4회, 2011.03.01~2011.07.08)

삽도 29 석장리박물관 특별기획전 도록. 〔출처〕 석장리박물관.

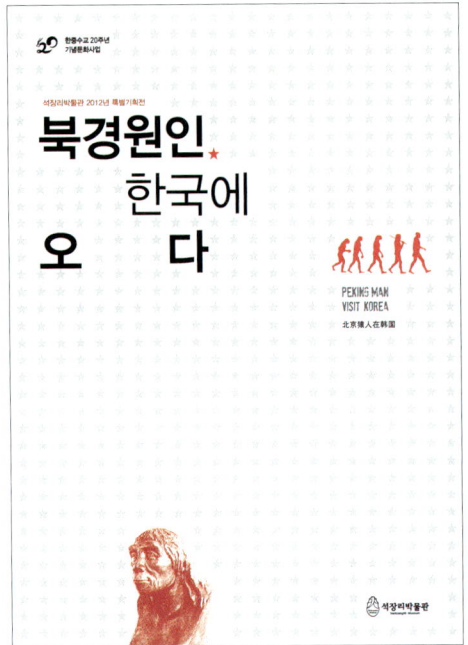
《북경원인 한국에 오다》
(5회, 2012.04.02.~2023.03.31.)

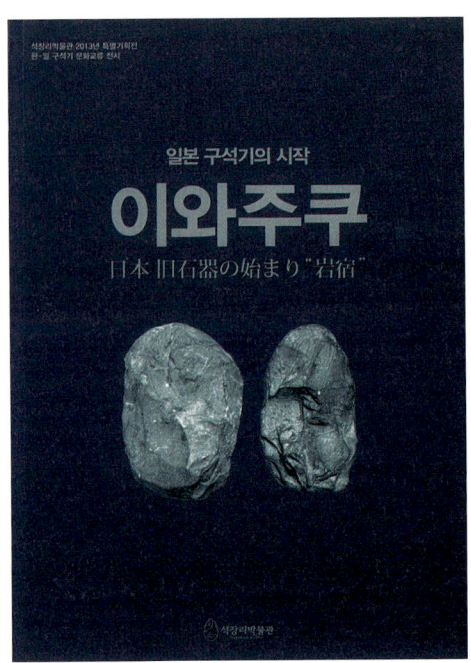
《일본 구석기의 시작, 이와주쿠》
(6회, 2013.07.15.~2014.02.02.)

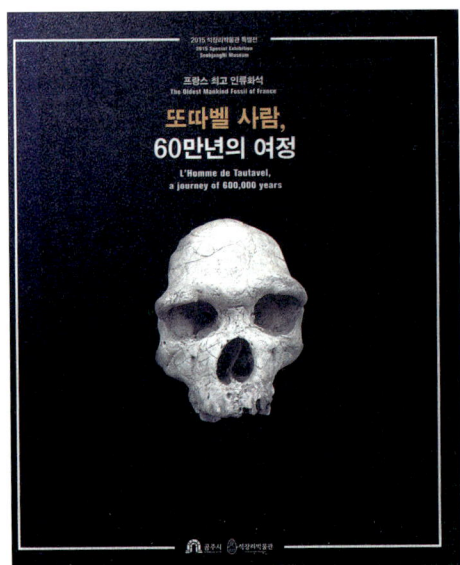
《프랑스 최고의 인류화석, 또따벨 사람, 60만년의 여정》
(8회, 2015.06.15.~2016.08.04.)

《구석기, 위대한 발견》
(16회, 2024.05.03.~2025.02.28)

삽도 30 석장리박물관 특별기획전 도록. 〔출처〕 석장리박물관.

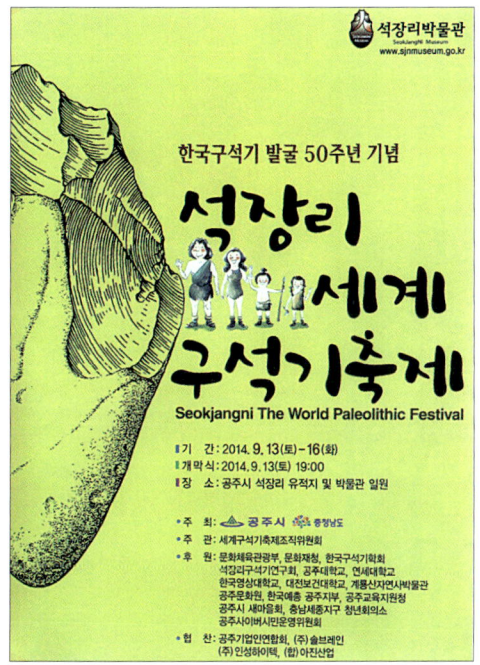 

삽도 31 공주 석장리 구석기축제 2014년(7회), 2025년(17회) 포스터. 〔출처〕 공주 석장리 구석기축제 조직위원회.

　석장리 유적 발굴 50주년을 기리며 기획된 제7회 석장리 구석기축제는 '석장리 세계구석기축제' (2014년 9월 13~16일)로 규모가 확대되어 개최되었다(삽도 31 참조). '세계구석기축제 조직위원회'가 구성되어 축제를 주관하였으며, 석장리박물관은 축제 현장의 전반적인 행사 진행을 이끌었다.[9]

　행사 기간 중 "구석기 나라, 세계 구석기문화 체험, 구석기 마을, 구석기 음식 나라, 구석기 생존 24시, 특별 프로그램, 부대 행사"와 같은 대형 프로그램이 운용되었다. 특히 '세계 구석기문화 체험'에는 프랑스(석기 만들기, 불피우기), 독일(옷·장신구 만들기, 석기 만들기, 뼈바늘 만들기), 일본(흑요석 석기 만들기), 중국(구석기 만들기), 한국(구석기 체험)의 전문가들이 함께 참여하여 방문객들의 관심과 만족도를 높이는 데 크게 이바지하였다. 또한 '부대 행사'의 일환으로 앙리 드 룸리Henry de Lumley 교수(유럽 선사문화 센터장, 프랑스), 안비루 마사오安蒜政雄 교수(메이지 대학, 일본), 김창주金昌柱 교수(고척추·고인류연구소, 중국) 등의 '세계 석학 구석기 강좌'가 열려 주목을 받았다. 그 후 세계 구석기축제는 격년제로 개최되고 있다.

　석장리 구석기축제 행사는 2008년부터 2025년까지 모두 17회에 걸쳐 진행되었다. 2019년에는 코

---

9) 2019년부터는 공주시청 관광과에서 축제 행사를 총괄하고 있음.

삽도 32 석장리 세계구석기공원(석장리동 187-1번지 일대) 조성 지역에서 드러난 구석기 유적. [출처] 겨레문화유산연구원 (2025).

로나-19 바이러스 감염병으로 인하여 개최되지 않았으며, 2021년에는 비대면 온라인On-tact 방식으로 이루어지기도 하였다.

석장리박물관에서는 2007년부터 어린이와 청소년 및 일반인을 대상으로 다양한 교육 프로그램을 개발하여 운영하고 있다(석장리박물관, 2022). 그동안 운영된 각종 프로그램은 지난날 석장리 유적에서 얻었던 발굴 성과와 그 의의를 널리 알리는 데 크게 이바지한다. 또한 구석기시대를 통하여 대중 고고학의 역할을 담당하고 있는 석장리박물관의 위상을 확립하는 데 매우 유익한 도움을 준다고 평가될 수 있다.

2022년 8월 공주시에서는 장암교 북쪽의 마을 입구와 금벽초교 터를 포함하는 지역에 중부권 및 우리나라를 대표하는 '세계구석기공원'(면적: 32,095m^2, 석장리동 187-1번지 일원)이 들어설 예정이라고 밝혔다. 공원에는 '구석기 교육원, 구석기 전망대, 체험 공원' 등이 조성되는 것으로 알려졌다. 《e-금강뉴스》 2022년 8월 3일; 공주시, 2023)

2023년 '세계구석기공원' 조성 지역에 대한 발굴조사가 실시되었다(겨레문화유산연구원, 2025). 구석기

삽도 33 북→남 방향으로 금강에 흘러드는 석장천(전체 거리: 2.3㎞)과 석장리동 마을의 모습. ㉮ 문화층 발굴(2023년), ㉯ 시굴(2024년, 금벽초등학교 운동장 터). 〔위성사진 출처〕 Google Earth.

유적은 석장리 보건진료소 서쪽에서 석장리동 마을회관 남쪽에 해당하는 지점에서 확인되었다(삽도 32 참조). 이와 달리 석장천에 인접한 논 경작지에서는 물의 영향을 받아 형성된 퇴적물이 거의 대부분 분포하고 있었다. 조사된 유적에는 중기 구석기시대의 늦은 시기에 속하는 문화층이 비교적 잘 남아 있었다(겨레문화유산연구원, 2025).

위 문화층에서는 주먹도끼, 주먹대패, 찍개, 긁개, 밀개, 찌르개 등과 같은 유물이 출토되었다. 석기의 암질은 주로 석영 또는 규암으로 구성되었는데, 그 가운데 거의 대부분을 차지하는 것은 석영제 모난 자갈돌이다. 종래 석장리에서 알려진 구석기 유적은 금강 연안에 위치하고 있는 1지구와 2지구에서 확인되었다. 반면에 위 문화층이 발굴된 지점은 석장천 언저리에 자리를 잡고 있다. 이와 같은 입지 조건을 고려한다면 위 문화층이 조사된 지역 일대를 3지구로 명명하는 것이 가능하다고 판단된다. 추후 3지구의 포괄적인 범위는 석장천 출구의 동편에 있는 마을과 마을 뒷산으로 이어지는 산기슭,[10] 그리고 석장천 북쪽 일대로 확장될 수 있다고 생각된다.

3지구에서 발견된 위 문화층의 존재는 두 가지의 흥미로운 정보를 우리에게 알려준다고 가늠된다. 첫째, 석장천과 그 언저리 일대(삽도 33 참조)는 구석기시대 사람들이 살아가는 데 유리한 환경 여건을 두루 갖추고 있었다. 둘째, 1지구와 2지구에서 석기 제작의 돌감으로 사용된 석영 계열의 모난 자갈돌은 석장천으로부터 유입되었을 가능성이 매우 높다(서인선, 2024). 다시 말해서 3지구의 석장천 일대는 1지구와 2지구의 돌감(석영제 모난 자갈돌) 공급원에 어울리는 곳으로 활용되었다고 볼 수 있다. 앞으로 3지구를 대상으로 연이은 발굴 및 연구 성과가 축적되어 석장리 유적의 또 다른 성격과 모습이 자세하게 밝혀지기를 기대한다. 이와 더불어 금강의 상류 지점, 다시 말해서 청벽대교 주변에 이르는 지역까지 조사 범위를 넓혀 석장리 구석기 유적의 전체적인 분포 범위를 확인하는 데도 관심을 기울일 필요가 있다고 생각된다.

---

10) '구석기 전망대'가 건립될 예정인 금벽초등학교 운동장 터(㉯, 삽도 23~24, 삽도 33 참조)의 시굴조사에서 구석기 유물층이 발견되었음(겨레문화유산연구원, 2024).

8장
석장리 행정 구역의 명칭 변화

석장리 유적의 첫 발굴 당시, 유적이 소재하고 있는 지역의 행정 명칭은 '장암리'였지만 일반적으로는 '석장리'라는 지명이 통용되었다. 다음에 인용된 글은 그러한 사정을 잘 보여준다.

"본 대학교 발굴대가 작업하고 있는 곳은 충청남도 공주군 장기면 장암리 93번지(이 지방에서는 대개 석장리라고 부른다)." [〈'베일' 벗는 韓國上古史〉, 《연세춘추》 1964년 11월 30일]

그런데 그와 같은 점으로 인하여 석장리 구석기 유적의 소재지 지명을 둘러싸고 여러 명칭이 등장한다. 연세대학교에서 문화재관리국에 보낸 석장리 유적의 1차 발굴 허가 신청 공문을 참조하면 이 유적의 이름과 관련하여 여러 지명이 등장한다. 예를 들어, 공문 첫머리에는 '장암리', 발굴동의서에는 '장암리(石壯)', 그리고 지적도 사본에는 '壯岩里'와 '石壯里' 등이 함께 나타난다(삽도 34 참조). 또한 첫 발굴 소식을 알리는 신문 기사의 경우에도 《동아일보》(1964년 11월 18일)와 《연세춘추》(1964년 11월 23일)에서는 '석장리', 그리고 《조선일보》(1964년 11월 24일)에서는 '장암리'로 표기되었다. 이러한 문제가 야기된 직접적인 요인은 1914년 시행된 일제의 지방 행정 구역 개편 및 그에 따른 명칭 변경과 밀접한 관계를 맺는다.

《興地圖書》(1757~1765)와 《戶口總數 4)》(1789)에 따르면, 공주군 동편에 동부면東部面이 있으며, 그 동쪽에 인접하여 장척동면長尺洞面[1]이 있다(삽도 35 참조). 그리고 동부면 북쪽에는 요당면要堂面, 장척동면

---

1) 《公山誌(1859)》, 《湖西邑誌(1871)》에는 '長尺面'으로 표기되었다.

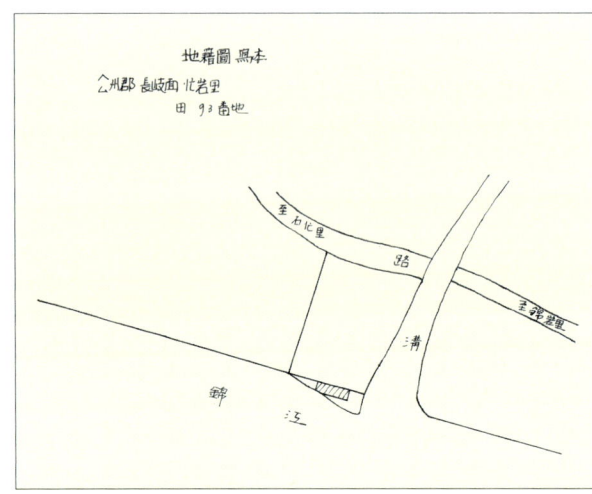

삽도 34 석장리 유적 1차 발굴 허가 신청에 덧붙인 지적도 사본. 〔출처〕〈금강유역 선사시대 유적의 발굴 허가 신청〉(연세 제273호. 1964. 6. 4.).

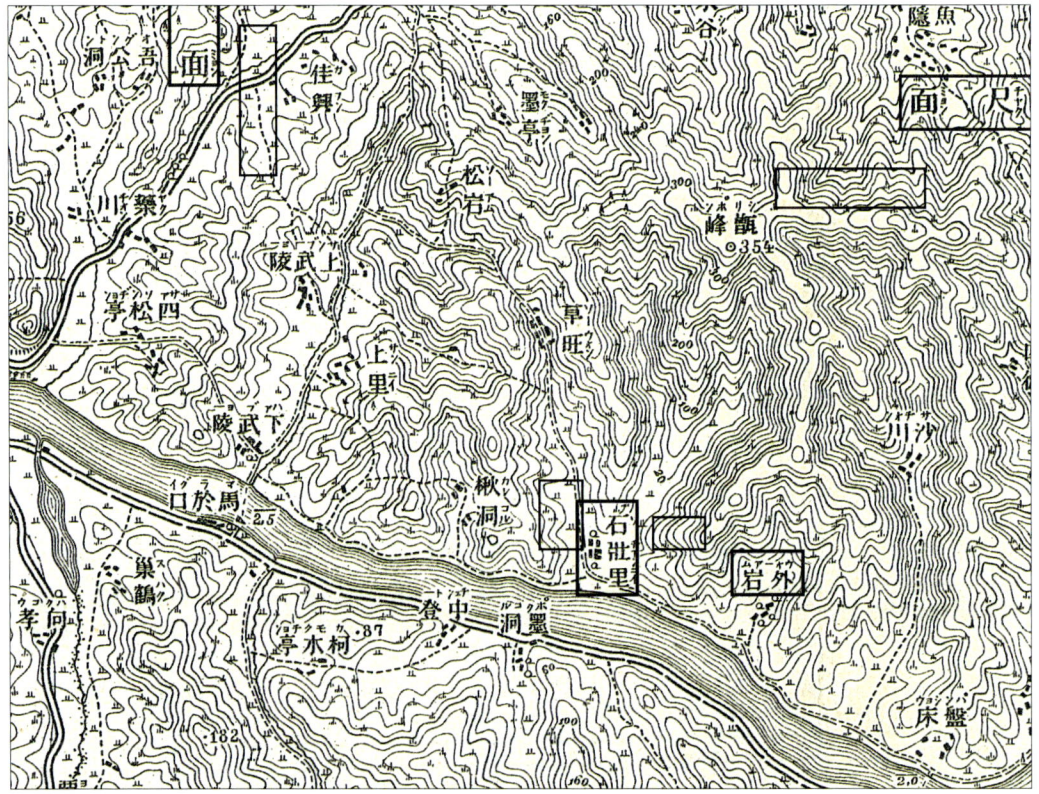

삽도 35 동부면 석장리 및 장척면 외암리 일대 지도(1:5만). 〔출처〕 大日本帝國陸地測量部(1913).

북쪽에는 삼기면三岐面이 각각 위치한다. 그중 석장리石壯里는 동부면, 그리고 외암리外巖里는 장척동면에 자리를 잡고 있다.

삽도 36 장기면 장암리 일대 지도(1:5만). 〔출처〕朝鮮總督府(1922).

　1914년의 지방 행정 구역 통폐합에 의거하여 장척면長尺面 일원, 삼기면三岐面 일원, 동부면 및 요당면의 여러 지역을 통합하여 장기면長岐面이 신설되었다(조선총독부, 2014). 또한 종래 동부면의 신무리新武里 일부, 석장리石壯里·대추동大秋洞·초왕동草旺洞, 그리고 장척면 외암리外岩里 일부를 개편하여 장암리壯岩里가 신설되었다(삽도 36 참조)(越智唯七, 1917; 한글 학회, 1974:93).[2] 이런 통폐합 과정을 거치며 장암리라는 행정 명칭이 새롭게 등장하였다. 그런데 그로부터 반세기가 지난 시기, 다시 말해서 석장리 유적이 처음 발굴될 당시에도 장암리와 더불어 석장리[3]라는 지명이 여전히 통용되었다는 사실이 주목을 끈다.

　한편, 대한제국 말기에 발행된 《대한매일신보》(1905년 10월 10일)와 《황성신문》(1905년 10월 12일)에는 매우 흥미로운 기사가 실렸다.[4] 거기에는 '忠南公州郡石藏里'에서 찾아낸 운모묘雲母苗(운모 노두) 및

---

2) '長岐面'의 명칭은 '長尺面'과 '三岐面', 그리고 '壯岩里'의 명칭은 '石壯里'와 '外岩里'에서 각각 유래한다.
3) '석장(石壯里)'이라는 명칭은 "마을 뒷산에 웅장한 바위가 많이 있음"을 뜻한다(한글 학회, 1974:94).
4) 다음을 참조하기 바람. 국립중앙도서관 《대한민국 신문 아카이브》.

● 운모묘발현雲母苗發現

중부서(中部署) 벙거짓골(帽谷洞)에 거주하는 유劉·홍洪 씨 등이 농상공부農商工部에 청원하였는데 본인들이 광업에 뜻을 두고 각도를 두루 답사하다가 충청남도 공주군 석장리石藏里 빈터에서 운모묘雲母苗가 드러난 것을 가까스로 찾아내어 장차 채굴하려 하나 이것이 비록 약종藥種이나 허가를 받지 않고는 불가하여 청원하오니 특히 해당 군에 훈령하여 채굴에 편하게 하소서 하였더라 (오일주 옮김)

신문 보도 6 《대한매일신보》(1905년 10월 10일).

그 채굴 허가와 관련된 청원 사항이 담겨 있다(신문 보도 6 참조).[5] 이 기사에서는 '石壯里'가 아니라 '石藏里'라는 지명이 사용되었는데 《戶口總數》 및 일제강점기의 기록 등을 두루 비교하여 살펴볼 때, '石藏里'라는 지명은 '石壯里'의 오식으로 판단된다.

2011년 5월 20일, 장기면에서는 장암리 마을청년회와 주민들의 뜻을 받들어 〈장암리 행정명칭 변경 신청서 제출〉이라는 제목의 공문을 공주시에 보냈다. 주요 사안은 장기면에 소재한 리里 명칭의 변경, 곧 '장암리'의 명칭을 원래의 '석장리'로 되돌려야 한다는 내용이었다. 명칭의 조정 사유는 다음과 같다. "첫째, 석장리 유적이 있는 공주시에는 '석장리'라는 행정 명칭이 없다. 둘째, 1914년 행정 구역 개편 때, 석장리와 외암리 등을 병합하여 '장암리'라 하며 장기면에 편입시키면서 '석장리'라는 명칭이 사라지게 되었다. 셋째, 마을청년회에서는 주민의 이해와 동의를 바탕으로 역사적 의미와 정체성을 찾고자 '석장리'로 명칭을 변경해 줄 것을 요청한다."

그리고 이를 바탕으로 다음과 같은 종합 의견이 제시되었다. "첫째, 장기면 장암리는 석장리박물관과 석장리 유적이 위치한 곳으로 학교 교과서는 물론 웹사이트에 이르기까지 장암리가 아닌 석

---

[5] 박충래 님의 전언에 의하면, "1950년대 말 무렵으로 기억된다. 지금의 박물관 본관 자리에 해당하는 것으로 생각되는 곳에 과거 광부 숙소로 쓰였던 초가집이 있었는데 당시 나와 비슷한 또래의 아이가 부모님과 살고 있었다. 부모님이 대전으로 이사하며 땅 주인이 바뀌었고, 그 뒤 그 터는 밭으로 전용되었다. 1990년대 초 박물관 북쪽의 도로 구간(장암교)을 개설하는 지점에서 제법 많은 양의 운모가 채집된 바 있다."(2024년 12월 28일, 2025년 1월 19일 통화). 석장리 유적과 석장천 일대를 포함하는 석장리동 지역에는 선캄브리아시대의 운모 편암(mgn)이 널리 분포한다(한국지질자원연구원 지질도 열람 서비스 참조).

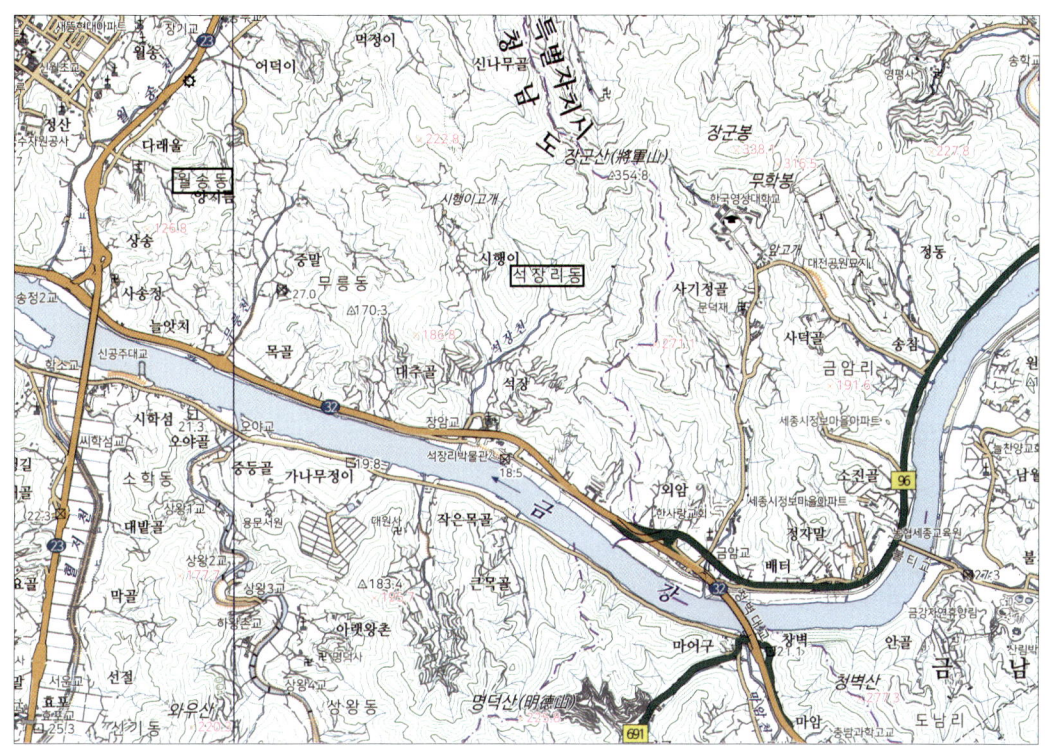

삽도 37 월송동(행정동명) 관내의 석장리동(법정동명) 일대 지도(1:5만). 〔출처〕 국토지리정보원(2023).

장리로 표기될 만큼 공주 지역 안팎에서 장암리라는 명칭보다는 석장리라는 명칭으로 더 잘 알려져 있다. 둘째, 행정 명칭을 바꿀 경우, 자연스럽게 석장리 유적을 홍보할 수 있음은 물론이고 마을 주민들에게도 1914년 행정 구역 개편 때 소멸된 명칭을 되찾아 역사적 의미와 정체성을 찾는 데 도움이 될 수 있으므로 리 명칭을 변경함이 타당하다고 사료된다."

그 뒤 몇 차례의 행정 절차를 거치며 2011년 9월 15일, '장기면 장암리'를 '장기면 석장리'로 변경하는 조례가 공포되었다.[6] 이에 따라 '석장리'라는 지명이 정식 행정 명칭으로 마침내 자리를 잡게 되었다. '석장리'라는 행정 구역 명칭을 되찾는 데는 1914년 이래 약 100년이라는 세월이 지나갔다(《연합뉴스》 2011년 5월 17일;《한국일보》 2011년 5월 17일 참조). 요컨대, 그동안 이곳에서 얻은 고고학적 성과는 석장리라는 지명의 역사적 정체성을 회복하는데 무엇보다도 크게 이바지하였던 것으로 판단된다. 또한 거기에는 석장리 유적에 대한 마을 주민들의 자긍심이 깊게 반영되어 있다고 말할 수 있다.

---

[6] 〈제779호 공주시 읍·면·동 및 리의 명칭과 구역에 관한 조례 일부개정조례〉,《공주시 시보》 433호(2011년 9월 15일).

광역자치단체로서 세종특별자치시가 출범하는 시점(2012년 7월 1일)을 계기로 석장리의 명칭은 다시 한번 작은 변화를 겪는다. 장기면 구역은 공주시 월송동 및 세종특별자치시의 장군면 등에 흡수되며 그 명칭이 폐지되었다(2012년 6월 19일). 이에 행정동의 역할을 담당하는 '월송동'(행정동명)이 신설되었고, 석장리는 '석장리동'(법정동명)이라는 이름으로 월송동 관할 구역[7] 안에 포함되었다(삽도 37 참조).

조선 후기부터 최근에 이르는 동안 석장리 행정 구역의 명칭은 〈삽도 38〉에서 읽을 수 있듯이 변하여 왔다. 앞에서 언급한 것처럼 석장리라는 지명을 다시 찾는 과정에서 보여준 마을청년회, 주민, 그리고 행정 당국의 관심과 노력은 석장리 유적에 관한 또 다른 이야깃거리를 우리에게 안겨준다.

⇩

충청도 공주군 동부면 석장리(1789)

⇩

충청남도 공주군 동부면 석장리(1896)

⇩

충청남도 공주군 장기면 장암리(1914)

⇩

충청남도 공주시 장기면 석장리(2011.09.15.)

⇩

충청남도 공주시 석장리동(2012.06.19.)

삽도 38 석장리 행정 구역 명칭의 주요 변화(조선 후기~현대)

---

[7] 〈제820호 공주시 읍·면·동 및 리의 명칭과 구역에 관한 조례 일부개정조례〉, 〈제821호 공주시 통·반 설치조례 일부개정조례〉, 《공주시 시보》 461호(2012년 6월 19일).

글을 맺으며

　구석기 고고학에 관한 기반이 전혀 마련되지 못한 현실적인 제약, 다시 말해서 황무지와 다를 바 없는 학술적 여건에서 구석기 유적을 대상으로 발굴조사를 실시하는 것은 누구에게나 쉽지 않은 일이다. 그렇기 때문에 현지답사를 통하여 구석기 유물의 존재 가능성을 파악하는 일, 그리고 그에 따른 발굴 여부를 판단하여 실천에 옮기는 일 등에는 여러 어려움이 뒤따르게 된다. 이와 더불어 발굴비용에 대한 재정적 지원이 뒷받침되지 않는다면 체계적인 발굴조사는 결코 이루어질 수 없다. 석장리 구석기 유적에 대한 1차 발굴조사는 이와 같은 문제를 극복하며 수행될 수 있었다.

　석장리 유적의 첫 발굴에서 얻은 당시의 조사 성과는 이곳의 출토 유물이 구석기시대에 속한다는 사실을 우리에게 분명하게 보여주었다. 우리나라에 '고석기시대古石器時代'(구석기시대)라는 용어가 국내의 언론 매체를 통하여 처음 소개된 것은 일제강점기 때인 1920년으로 추정되는데 그로부터 40여 년이 지난 뒤 누구에게나 공인받을 수 있는 구석기가 석장리 유적에서 마침내 모습을 드러냈다.

　지금까지 석장리 유적에서는 모두 열다섯 차례의 발굴조사(시굴 포함)가 이루어졌다. 그 가운데 열 차례는 연세대학교 박물관의 독자적인 순수 학술 조사로 수행되었다. 그 기간 중 특히 1966년도는 석장리 유적의 발굴 역사에서 매우 의미 있는 한 해로 자리매김될 수 있다.

　유적의 조사 현장에서는 우리나라에서 처음으로 《먼셀흙빛깔표Munsell Soil Color Charts》가 활용되었다. 유물 수거 및 정리와 관련하여 꼬리표, 유물대장, 유물카드 등과 같은 기록물이 체계적으로 작성되기 시작하였다. 또한 발굴 현장의 다양한 모습을 담은 사진 자료는 사진대장을 통하여 관리될 수 있었다. 이와 같은 발굴 관계 기록물의 생산은 그 이후에도 지속적으로 이루어져 석장리 유적과 출토 유물을 새로운 시각에서 접근하거나 평가하는 데 유익한 역할을 한다. 또한 1966년을 기점으로 구석기 관계의 외래 용어를 쉬운 우리말로 바꾸는 작업이 확대되기 시작하여 그 이듬해부터 차근차근 결실을 맺어 나갔다. 비록 실천에 옮겨지지 않아 안타깝게 생각되지만 굴포리와 석장리 유적 등에서 확인된 고고학 성과를 기반으로 북한의 고고학자 도유호가 남북 고고학의 학술 교류를 제안한 것도 1966년도의 일이다.

석장리 유적의 1차 발굴 당시부터 발굴단에서 주의를 기울였던 주요 업무 가운데 하나는 자연과학 방법을 적용하여 유적의 형성 시기와 자연환경의 성격을 밝히는 데 필요한 시료를 확보하는 일이었다고 말할 수 있다. 이와 같은 분야의 선구적인 역할은 한국의 구석기 고고학 연구에서 고고과학archaeological science의 기초적인 체계를 확립하는 데 이바지하였던 것으로 판단된다. 한국에서 알려진 고고학 유적 중 다른 나라의 실험실에 의존하지 않고 오로지 국내 전문가의 노력을 통하여 방사성탄소 연대가 측정(1969년)된 것은 석장리 구석기 유적의 경우가 처음이었다.

1970년대 초에는 후기 구석기 집자리 층에서 얻은 시료를 대상으로 꽃가루 분석과 수종 식별 작업이 수행되어 과거의 식물상flora과 자연환경을 재구성하는 데 도움을 주고 있다. 한편 석장리 유적의 고토양에서 이루어진 토양 산도(pH)는 대체로 산성을 띠고 있는 것으로 측정되었다. 이러한 분석 결과는 몇몇 특수한 입지의 유적 사례를 제외하고 한국의 야외 고토양paleosol에 동물 화석이 제대로 보존될 수 없었던 환경 조건을 해명할 수 있도록 해준다.

앞에서 언급했듯이 석장리 유적의 석기 연구에서는 일반인들도 어렵지 않게 따라 부를 수 있도록 구석기 관계 용어를 쉬운 우리말로 바꾸는 데 큰 힘을 기울였다. 현재 우리나라에서 통용되고 있는 석기의 한글 명칭은 거의 대부분 석장리 구석기 유적의 출토품에서 유래되었다고 말할 수 있다.

공주 석장리 유적의 고고학적 위상이 널리 알려지는 데는 무엇보다도 1968년에 발행된 검정 국사교과서(인문계 고등학교)의 역할이 주요했다고 볼 수 있다. 그 후 국사 개설서 등에 석장리 유적뿐만 아니라 굴포리 유적 등의 발굴 성과가 두루 수록되며 이 땅에서도 구석기인들이 삶을 영위하였다는 보편적인 인식이 더욱 굳게 확산되었다.

석장리 유적은 1990년에 국가 사적으로 등재되었다. 2006년에 문을 연 석장리박물관에서는 상설 전시, 특별기획전, 교육 프로그램 등이 활발하게 운영되고 있다. 석장리박물관의 개관과 때를 같이 하며 '석장리 구석기축제'도 지속적으로 추진되고 있다. 2025년 5월 초에는 구석기 교육관, 구석기 전망대, 체험 공원이 조성될 예정인 '세계구석기공원'의 착공식이 거행되었다.

이렇듯 "석장리 유적은 과거 금강 언저리에서 삶을 일구었던 구석기인, 그리고 오늘을 사는 현대인 사이를 서로 이어주는 역사적 장소이자 문화적 공간"(한창균, 2024)으로서 나날이 변모되는 모습을 우리에게 보여주고 있다.

석장리 유적에는 구석기시대 중기부터 후기에 걸치는 문화층이 깊이를 달리하며 덧놓여 있다. 각 문화층에서 드러난 각종 석제품은 금강 언저리의 석장리에서 전개된 구석기 산업 Paleolithic industry

의 성격과 특징을 지니고 있다. 이러한 양상은 다양한 제작 기술을 적용하여 생산된 많은 종류의 석기 제품에 간직되어 있다. 앞으로 우리의 두 번째 고고학 여정은 '석장리 유적의 구석기 산업 탐구'를 향하여 길을 나설 예정이다.

인용 및 참고문헌

《輿地圖書》(1757~1765, 영조 33~41).
《戶口總數 四》(1789, 정조 13).
《公山誌》(1859, 철종 10).
《湖西邑誌》(1871, 고종 3).
《두산백과》(2025, Naver 지식백과).
강인욱, 2008. 〈日帝强占期 咸鏡北道 先史時代 유적의 조사와 인식〉, 《한국상고사학보》 61, 5~34.
겨레문화유산연구원, 2023. 〈석장리 세계구석기공원 건립부지 발굴조사 완료 약보고서〉.
겨레문화유산연구원, 2024. 〈공주 석장리 구석기 전망대 조성사업부지 내 시굴조사 학술자문회의 자료〉.
겨레문화유산연구원, 2025. 《공주 석장리 구석기 유적(14차)》, 공주시·겨레문화유산연구원.
고고학 및 민속학 연구소(과학원), 1963a. 〈함경 북도 웅기군 굴포리 서포항동에서 구석기 시대 유적 발견〉, 《고고민속》 1963(2), 54.
고고학 및 민속학 연구소(과학원), 1963b. 〈조선 민주주의 인민 공화국 창건 이후 고고학과 민속학 연구에서 거둔 성과〉, 《고고민속》 1963(3), 1~6.
고고학연구소(사회과학원), 1969. 〈상원 검은모루유적 발굴중간보고〉, 《고고민속론문집》 1, 1~30, 사회과학출판사.
고고학연구소(사회과학원), 1971. 《조선원시고고학개요》, 김일성종합대학출판사.
고고학연구소(사회과학원), 2005. 〈개성공업지구에서 발굴된 석기(사진)〉, 《조선고고연구》 2005(2).
공수진, 2021. 〈파른 손보기와 한국의 구석기 연구〉, 《학림》 47, 27~36.
공주시, 2023. 《석장리 세계구석기공원 구석기콘텐츠 개발》(발간등록번호 74-4500000-00323-01).
국립문화재연구소 유적조사연구실 편집, 2001. 《전국문화유적발굴조사연표-증보판II-》, 국립문화재연구소.
국립중앙박물관, 2006. 《북녘의 문화유산》, 삼인.
김경진, 2024. 〈쓴자국 분석으로 보는 구석기시대 사람들의 흔적〉, 《석장리, 구석기 이야기: 한국 구석기를 깨우다》, 154~163(석장리 유적 발굴 60주년 기념 2024 석장리박물관 상설전시 도록), 석장리박물관.
김무·양경린, 1969. 〈放射性 炭素 年代測定〉, 《화학과 공업의 진보》 9(3), 203~209.
김상헌, 1964. 〈발굴일지(1964)〉. [재수록] 연세대학교 박물관 엮음, 2017. 〈김상헌 1964 발굴일지〉, 《파른 손보기와 석장리 유적》, 188~192.

김신규, 1962. 〈함경북도 화대군에서 털코끼리('맘모스')의 유골을 발견〉, 《문화유산》 1962(2), 81~84.
김용간, 1958. 〈강계시 공귀리 원시 유적에 대하여〉, 《문화유산》 1958(4), 49~67.
김용간, 1959. 《강계시 공귀리 원시 유적 발굴 보고》(유적발굴보고 6), 과학원출판사.
김용간, 1990. 《조선고고학전서: 원시편(석기시대)》, 과학백과사전종합출판사.
김우철 역주, 2009. 《여지도서(輿地圖書) 08, 충청도(忠淸道) I》(전주대학교 고전국역 총서 1).
김원룡, 1964. 〈韓國文化의 考古學的 研究〉, 《한국문화사대계 I(민족·국가사)》, 235~313, 고려대학교 민족문화연구소.
김원룡, 1966. 《한국고고학개론》.
김원룡, 1967. 〈公州馬岩里洞窟遺蹟豫報〉, 《역사학보》 35·36, 26~41.
김원룡, 1972. 〈韓國考古學에서의 放射性炭素年代〉, 《고고학》 1, 1~16.
김원룡, 1981. 〈一. 緒論〉, 《한국구석기문화연구》(김원룡·최무장·정영화), 1~14, 한국정신문화연구원.
김원룡, 1987a. 〈1. 韓國考古學의 發展 -舊石器·新石器時代 研究-〉, 《한국고고학연구》, 2~24, 일지사.
김원룡, 1987b. 〈3. 韓國舊石器時代文化 研究序說〉, 《한국고고학연구》, 31~47, 일지사.
김원룡, 1987c. 〈韓國 考古學, 美術史學과 함께 -自傳的 回顧-〉, 《삼불김원룡교수 정년퇴임기념논총 I》, 16~41, 삼불김원룡교수 정년퇴임기념논총 간행위원회 편.
김원룡·정영화, 1979. 〈全谷里 아슐리안 兩面核石器文化 豫報〉, 《진단학보》 46·47, 5~47.
김원룡·배기동, 1983. 〈서울大學校 調査〉, 《전곡리 유적발굴조사보고서》, 3~173, 문화재관리국 문화재연구소.
김재원, 1959. 〈第一編 史前時代〉, 《한국사 1(고대편)》, 1~64, 진단학회, 을유문화사.
김정학, 1958. 〈韓國에 있어서의 舊石器文化의 問題〉, 《고려대학교 문리논집》 3, 1~25.
김주용·오근창, 2012. 〈정선 매둔 동굴유적 구석기시대 퇴적층의 자연과학분석〉, 《정선 매둔 동굴유적(2): 2018~2019년 발굴》, 139~196, 연세대학교 박물관.
김현우, 2021. 〈북한 문화유산의 보존관리 체계〉, 《북한의 문화·자연유산과 남북교류협력 이해하기》, 36~61, 국립문화재연구소.
단국대학교 교사편찬위원회, 1997. 《단국대학교 50년사(하)》, 848, 단국대학교 출판부.
도유호, 1957. 〈민족 문화 유산의 계승 발전과 고고학 및 민속학 연구소의 당면 과업〉, 《문화유산》 1957(1), 1~10.
도유호, 1960a. 《조선 원시 고고학》, 과학원출판사.
도유호, 1960b. 〈고고학에 관한 새 용어의 해설〉, 《문화유산》 1960(3), 79~80, 표지 3면.
도유호, 1962a. 〈고고학이란 어떠한 과학이며, 력사 연구에는 왜 고고학이 필요한가?〉, 《문화유산》 1962(3), 61~65.
도유호, 1962b. 〈구석기란 무엇인가?〉, 《문화유산》 1962(6), 56~59.
도유호, 1963. 〈1963년 중 고고학에서 거둔 성과〉, 《고고민속》 1963(4), 51~53.
도유호, 1964. 〈조선의 구석기 시대 문화인 굴포 문화에 관하여〉, 《고고민속》 1964(2), 3~7.
도유호, 1966. 〈우리 나라 구석기 시대 연구를 위하여〉, 《로동신문》 1966년 5월 11일.
도유호·김용남, 1965. 〈굴포 문화에 관한 그 후 소식〉, 《고고민속》 1965(1), 54~56.
력사연구소, 1962. 《조선통사(상)》, 과학원출판사.
력사연구소, 1963. 〈우리 나라에서 구석기 시대 유적 발견〉, 《력사과학》 1963(4), 47.
력사연구소, 1979. 《조선전사 1(원시편)력사과학》, 과학, 백과사전출판사.

로영대, 1962. 〈함북 화대군 털코끼리 발굴지에 발달한 니탄층의 포자 화분 조합(胞子 花粉 組合)〉,《문화유산》 1962(4), 49~54.

류순호(편집·집필 대표), 2000.《토양사전》, 서울대학교 출판부.

문화재관리국, 1966. 〈문화재위원회 회의록(1963, 1964년도)〉,《문화재》 2, 115.

박준석·최현모, 1962. 〈털코끼리가 발견된 함북 화대군 장덕리 4기층의 층서와 고지리적 환경에 대한 고찰〉,《문화유산》 1963(4), 55~57.

박희현, 2021. 〈파른의 한국 선사학 연구에서의 지향점〉,《학림》 47, 7~15.

방기중, 1992.《한국근현대사상사연구: 1930·40년대 백남운의 학문과 정치경제사상》, 역사비평사.

배기동, 1992. 〈구석기시대〉,《한국선사고고학사》, 9~75. 까치.

백남운(하일식 옮김), 1933(1994).《조선사회경제사》, 이론과 실천.

서인선, 2015. 〈석장리유적 돌날과 좀돌날의 기술학적 재검토-돌감, 제작 방법과 떼기기술을 중심으로-〉,《한국구석기학보》 31, 54~83.

서인선, 2024. 〈석장리 구석기 사람들의 돌감 획득과 이용〉,《석장리, 구석기 이야기: 한국 구석기를 깨우다》(석장리 유적 발굴 60주년 기념 2024 석장리박물관 상설전시 도록), 142~153, 석장리박물관.

석장리 구석기연구회 엮음, 2022.《파른 손보기(1922~2010): 그가 걸어온 학문의 발자취》, 석장리 구석기연구회.

석장리박물관, 2006.《석장리 박물관 개관기념 도감》, 범우사 문화.

석장리박물관, 2009.《파른 손보기, 우리 역사의 새 장을 열다》(파른 손보기 기념관 개관기념).

석장리박물관, 2010.《석장리, 구석기로의 초대》(석장리박물관 상설전시도록).

석장리박물관, 2011.《석장리박물관 연보》.

석장리박물관, 2013.《이와주쿠: 일본 구석기의 시작》(석장리박물관 2013년 특별기획전).

석장리박물관, 2022.《2007-2021 석장리박물관 교육프로그램 자료집》.

석장리박물관, 2024.《석장리, 구석기 이야기: 한국 구석기를 깨우다》(석장리 유적 발굴 60주년 기념 2024 석장리박물관 상설전시 도록), 물꽃문화사.

성춘택, 2015. 〈석장리유적 발굴과 구석기고고학의 과제와 전망〉,《한국구석기학보》 31, 30~53.

손보기, 1964a. 〈발굴일지(1964)〉. 〔재수록〕 석장리 구석기연구회 엮음, 2022. 〈공주 석장리 1차 발굴 일지(1964년)〉,《파른 손보기(1922~2010): 그가 걸어온 학문의 발자취》, 16~31.

손보기, 1964b. 〈구석기시대 유물 발굴의 成果와 問題點. 土器以前文化의 發掘과 우리의 課題〉,《연세춘추》 1964년 12월 7일. 〔재수록〕 연세대학교 박물관 엮음, 2017.《파른 손보기와 석장리 유적》, 46~51.

손보기, 1965a. 〈舊石器文化硏究의 指標設定. 금강유역의 제2차 발굴을 마치고〉,《연세춘추》 1965년 5월 17일. 〔재수록〕 연세대학교 박물관 엮음, 2017.《파른 손보기와 석장리 유적》, 60~63.

손보기, 1965b. 〈公州石壯里無土器文化〉,《고고미술》 6(3·4), 7~9.

손보기, 1965c. 〈발굴 일지(1965)〉. 〔재수록〕 석장리 구석기연구회 엮음, 2022. 〈공주 석장리 2차 발굴 일지(1965년)〉,《파른 손보기(1922~2010): 그가 걸어온 학문의 발자취》, 32~41.

손보기, 1966. 〈3차에 걸친 금강 유역 구석기 유물 발굴 중간보고서〉,《연세춘추》 1966년 7월 25일. 〔재수록〕 연세대학교 박물관 엮음, 2017.《파른 손보기와 석장리 유적》, 68~87.

손보기, 1967. 〈層位를 이룬 石壯里 舊石器文化〉,《역사학보》 35·36, 373~397.

손보기, 1968a. 〈석기문화 5차 발굴의 개가〉,《연세춘추》 1968년 8월 19일. 〔재수록〕 연세대학교 박물관 엮음,

2017. 《파른 손보기와 석장리 유적》, 102~106.
손보기, 1968b. 〈석기문화 5차 발굴의 개가〉, 《연세춘추》 1968년 8월 26일. 〔재수록〕 연세대학교 박물관 엮음, 2017. 《파른 손보기와 석장리 유적》, 107~109.
손보기, 1968c. 〈石壯里의 자갈돌 찍개 文化層〉, 《한국사연구》 1, 1~62.
손보기, 1969a. 〈石壯里의 後期舊石器 文化〉, 《연세논총》 7, 371~404.
손보기, 1969b. 〈石壯里 이외의 舊石器文化의 分布可能性〉, 《백산학보》 7, 3~22.
손보기, 1970. 〈石壯里의 새기개·밀개 文化層〉, 《한국사연구》 5, 1~46.
손보기, 1972a. 〈韓國 舊石器文化에 對한 몇 가지〉, 《문화재》 6, 14~20, 문화재관리국. 〔재수록〕 손보기, 2017. 〈한국 구석기 문화에 대한 몇 가지〉, 《파른 손보기와 석장리 유적》, 210~228, 연세대학교 박물관 엮음.
손보기, 1972b. 〈박물관 안내-구석기의 쓰임새〉, 《연세춘추》 1972년 4월 10일. 〔재수록〕 연세대학교 박물관 엮음, 2017. 《파른 손보기와 석장리 유적》, 130~132.
손보기, 1973a. 〈石壯里의 후기 구석기시대 집자리〉, 《한국사연구》 9, 15~57.
손보기, 1973b. 〈I. 舊石器文化〉, 《한국사 1(고대: 한국의 선사문화)》, 11~46, 국사편찬위원회.
손보기, 1988. 《한국 구석기학 연구의 길잡이》, 연세대학교 출판부.
손보기, 1989. 〈상무룡리에서 발굴된 흑요석의 고향에 대하여〉, 《상무룡리: 파로호 퇴수지역 유적발굴조사보고》, 781~796, 강원도·강원대학교 박물관.
손보기, 1990. 《구석기 유적-한국·만주》, 한국선사문화연구소.
손보기, 1993. 《석장리 선사유적》, 동아출판사.
손보기, 1994a. 〈1. 머리말〉, 《석장리 선사유적, 11차-12차 발굴보고》, 9~15, 한국선사문화연구소·충청남도 공주군.
손보기, 1994b. 〈2. 이어진 발굴 조사〉, 《석장리 선사유적, 11차-12차 발굴보고》, 16~24, 한국선사문화연구소·충청남도 공주군.
손보기, 1994c. 〈3. 11-12차 발굴 조사 성과〉, 《석장리 선사유적, 11차-12차 발굴보고》, 25~31, 한국선사문화연구소·충청남도 공주군.
손보기, 2002. 〈역사학에서 선사학으로〉, 《우리나라의 구석기문화》, 9~21, 연세대학교 출판부.
손보기, 2009. 《석장리 유적과 한국의 구석기 문화》, 학연문화사.
손보기·한창균·박영철, 1980. 〈퇴적물 분석〉, 《점말 용굴 발굴보고》, 25~57, 연세대학교 박물관.
손영종, 1963. 〈《조선 통사(상)》(1962년 판)에 대하여〉, 《력사과학》 1963(1), 66~72.
신숙정, 1993. 〈우리나라 신석기문화 연구경향-1945년까지-〉, 《한국상고사학보》 12, 149~182.
양경린, 1969. 〈원자력연구소: 年代測定明細書, 年代測定結果〉.
양보경, 2025. 〈호서읍지(湖西邑誌)〉, 《한국민족문화대백과사전》, 한국학중앙연구원.
어해남, 1995. 〈구석기시대 석기연구에서 실험고고학적 방법의 적용문제에 대하여〉, 《조선고고연구》 1995(2), 41~44.
어해남, 1999. 〈만달리유적의 속돌들에 대한 고찰〉, 《조선고고연구》 1999(3), 24~27.
언어학연구소(사회과학원), 1981. 《현대조선말사전(상)》, 과학, 백과사전출판사.
연세대학교 박물관, 1966. 《발굴일지》.
연세대학교 박물관 엮음, 2017. 《파른 손보기와 석장리 유적》, 연세대학교 박물관.

연세대학교 사학연구회 편, 1963. 〈彙報: 모어先生 本史學科에서 硏究〉, 《사학회지》 3, 36.
연세대학교 사학연구회 편, 1964a. 〈彙報: 孫寶基先生 就任〉, 《사학회지》 4, 47.
연세대학교 사학연구회 편, 1964b. 〈彙報: 史前遺蹟調査〉, 《사학회지》 5, 60.
우종윤, 2018. 〈해방 후 최초의 동굴유적 조사–단양뒤뜰굴유적〉, 《충청타임즈》 2018년 2월 4일.
유상영, 2024. 〈지도로는 충청동·서도인데 충청남·북도로 나뉜 까닭〉, 《금강일보》 2024년 5월 2일.
윤현진, 2021. 〈연세대학교 박물관과 파른 손보기〉, 《학림》 47, 71~82.
이기백, 1961. 《국사신론》, 태성사.
이기백, 1967. 《한국사신론》, 일조각.
이기백, 1977(개정판). 《한국사신론》, 일조각.
이기성, 2010a. 〈일제강점기 '石器時代'의 조사와 인식〉, 《선사와 고대》 33, 5~30.
이기성, 2010b. 〈일제강점기 '금석병용기'에 대한 일고찰〉, 《한국상고사학보》 68, 25~44.
이병도, 1956. 《신수 국사대관》, 보문각.
이병도, 1957(3월 수정 발행). 《국사(고등학교 사회과)》, 일조각.
이병도, 1968(2월 발행). 《국사(인문계 고등학교)》, 일조각.
이상준, 2016. 〈통일고고학을 위하여〉, 《한국고고학보》 100, 261~270.
이선복·이교동, 1993. 《파주 주월리·가월리 구석기 유적》, 서울대학교 고고미술사학과·경기도.
이원순, 1968(1월 발행). 《국사(인문계 고등학교)》, 교학사.
이융조, 1964. 〈발굴일지(1964)〉. 〔재수록〕 연세대학교 박물관 엮음, 2017. 〈이융조 1964 발굴일지〉, 《파른 손보기와 석장리 유적》, 174~187.
이융조, 1975. 〈방사성탄소 연대측정과 한국 선사문화의 연대문제: H.E. Suess 이론을 중심으로〉, 《역사학보》 68, 53~92. 〔재수록〕 《한국 선사 문화의 연구》(이융조, 1976), 65~108. 평민사.
이융조, 2002. 〈한국 구석기문화 연구의 어제와 오늘–연세대학교 박물관과 손보기교수의 업적을 중심으로–〉, 《우리나라의 구석기문화》, 23~50, 연세대학교 출판부.
이창복, 1977(4판). 《식물분류학》, 향문사.
이창복·김윤식·김정석·이정석, 2008(7판). 《신고 식물분류학》, 향문사.
이홍직, 1967(12월 발행). 《국사(인문계 고등학교)》, 동아출판사.
이희승 편저, 1986. 《국어대사전(수정증보판)》, 민중서림.
전일권·김광남, 2009. 《북부조선지역의 구석기시대유적》(조선고고학전서 1: 원시편 1). 진인진.
정명호, 1964. 〈발굴일지(1964)〉. 〔재수록〕 연세대학교 박물관 엮음, 2017. 〈정명호 1964 발굴일지〉, 《파른 손보기와 석장리 유적》, 174~187.
정명호, 2008. 〈석장리 선사유적 발굴에 관한 이야기〉, 《사진으로 보는 석장리 선사유적 발굴》(특별기획전시 2), 302~303, 석장리박물관.
정봉구·박준형·장한길로·이동권, 2025. 〈공주 석장리유적의 고고지질학적 접근〉, 《한국구석기학보》 51, 57~84.
정영화, 1981. 〈全谷里 遺蹟〉, 《한국구석기문화연구》, 49~96, 全谷里 遺蹟 圖版 1~99, 한국정신문화연구원.
조선유적유물도감 편찬위원회, 1988. 《조선유적유물도감(1) 원시편》, 외국문종합출판사.
조성운, 2019. 《대한민국의 국사교과서》, 선인.
조태섭, 2021. 〈파른 손보기의 고고학 연대기〉, 《학림》 47, 17~25.

주홍규, 2021. 〈해방전후(解放前後) 공간 속의 채병서(蔡秉瑞)와 한국고고학〉, 《백산학보》 119, 307~336.
지건길, 2016. 《한국 고고학 백년사: 연대기로 본 발굴의 역사 1880-1980》, 열화당.
채병서, 1961. 〈放射能에 依한 새로운 年代測定法〉, 《고고미술》 6, 7~9.
최몽룡·신숙정, 1992. 〈제4장 초기 철기시대〉, 《한국 선사고고학사: 연구현황과 전망》, 289~380, 까치.
최진식, 1988. 〈放射性炭素年代測定法-問題點과 硏究動向-〉, 《지리학》 37, 99~107.
칼레톤 S. 쿤(김완식 역), 1962. 〈人類學 踏査記〉, 《사총》 7, 188~204.
콜린 렌프류·폴 반(이희준 옮김), 2006. 《현대 고고학의 이해(Archaeology: Theories, Methods and Practice)》, 사회평론.
통일연구원, 2011. 《남북관계연표(1948~2011년)》, 통일연구원.
한국구석기학회, 2025. 《한국구석기유적조사발굴목록》.
한국고고미술연구소, 1984. 《한국고고학개정용어집》.
한국구석기학회, 2025. 《한국구석기유적조사발굴목록》, 학회활동연구정보(2025년 1월 22일).
한국선사문화연구원, 2022. 〈공주 석장리유적 방문자센터 건립부지 내 유적 발굴(시굴)조사 약보고서〉.
한국수자원공사, 2007. 《우리가람길라잡이(1:75,000)》.
한국토지공사 토지박물관·사회과학원 고고학연구소, 2005. 《개성공업지구 1단계 문화유적 남·북 공동조사 보고서》, 한국토지공사 토지박물관.
한글 학회, 1974. 《한국 지명 총람 4 (충남편·상)》.
한우근, 1968(2월 발행). 《국사(인문계 고등학교)》, 을유문화사.
한우근, 1970. 《한국통사》, 을유문화사.
한은숙, 2009. 《남부조선지역의 구석기시대유적》(조선고고학전서 2: 원시편 2), 진인진.
한창균, 2014a. 〈일제강점기에 있어 한국 구석기시대의 인식〉, 《한국구석기학보》 29, 3~20.
한창균, 2014b. 〈해방 이후~1950년대에 있어 한국 구석기시대의 인식〉, 《고고학》 13-2, 59~74.
한창균, 2015. 〈석장리 구석기유적 발굴의 학사적 의의〉, 《한국구석기학보》 31, 2~29.
한창균, 2017a. 〈편집 후기〉, 《파른 손보기와 석장리 유적》, 229~237, 연세대학교 박물관 엮음.
한창균, 2017b. 《하담 도유호: 한국 고고학 첫 세대》, 혜안.
한창균, 2020. 〈구석기 고고학의 형성 과정: 해방 이후~1960년대 초를 중심으로〉, 《북한 고고학 연구》, 25~42, 혜안.
한창균, 2024. 〈석장리 유적의 어제와 오늘〉, 《석장리, 구석기 이야기: 한국 구석기를 깨우다》(석장리 유적 발굴 60주년 기념 2024 석장리박물관 상설전시 도록), 132~141, 석장리박물관.
한창균·정봉구, 2012. 《석장리 구석기유적 13차 발굴조사》, 공주시·석장리박물관·(재)충청문화재연구원.
한창균·서인선, 2023. 〈다시 보는 굴포리 구석기 유적〉, 《학림》 52, 141~174.
한창균·서인선·김수아, 2025. 〈석장리 구석기 유적: 발굴 60주년에 즈음하여〉, 《한국구석기학보》 51, 27~56.
한흥수, 1935(12월). 〈朝鮮原始社會論: 白南雲氏著 《朝鮮社會經濟史》에 對한 批判을 謙하야〉, 《비판》 3권 6호, 2~19.
한흥수, 1936. 〈朝鮮石器文化槪說〉, 《진단학보》 4, 127~145.
한흥수, 1950. 〈朝鮮原始史硏究에 關한 考古學上諸問題〉, 《력사제문제》 15(1957-1), 4~55.
황기덕, 1957a. 〈함경북도 지방 석기 시대의 유적과 유물(1)〉, 《문화유산》 1957(1), 72~102.
황기덕, 1957b. 〈두만강 류역과 동해안 일대의 유적 조사〉, 《문화유산》 1957(6), 53~67.

Daniel Hillel(김재정 역), 1985. 《토양물리학》, 대한교과서주식회사.

都宥浩(鄭漢德 譯), 1965. 〈朝鮮の舊石器文化, 屈浦文化について〉, 《考古學雜誌》 50-3, 207~213.

都宥浩·金勇男(鄭漢德 譯), 1967. 〈屈浦文化に關るその後の消息について-鮒浦里德山遺蹟の槪報-〉, 《考古學雜誌》 53-1, 47~52.

德永重康·森爲三, 1939. 〈豆滿江沿岸潼關鎭發掘物調査報告(Report of Diggings at Dōkantin, the Coast of the River Tōman, Korea)〉, 《第一次滿蒙學術調査硏究團報告(Report of the First Scientific Expedition to Manchoukuo)》 2(4), 1~43.

藤田亮策, 1942. 〈朝鮮の石器時代〉, 《東洋史講座》 18. 雄山閣. 〔재수록〕 藤田亮策, 1948. 〈朝鮮の石器時代〉, 《朝鮮考古學硏究》, 43~139, 京都: 高桐書院.

岩宿博物館, 2017. 《岩宿時代(IWAJUKU AGE)》(常設展示解說圖錄).

越智唯七 編纂, 1917. 《新舊對照 朝鮮全道府郡面里洞名稱一覽》, 中央市場.

朝鮮總督府, 1914(大正 3년 3월 16일). 《朝鮮總督府官報 號外: 朝鮮總督府忠淸南道令第三號》.

直良信夫, 1940. 〈朝鮮潼關鎭發掘舊石器時代ノ遺物(Human Artifacts Excavated at Dōkantin, Korea)〉, 《第一次滿蒙學術調査硏究團報告(Report of the First Scientific Expedition to Manchoukuo)》 6(3), 1~12.

徐廷·趙海龍·顧聆博, 2023. 〈吉林省和龍大洞舊石器遺址2010年發掘報告〉, 《人類學學報(Acta Anthropologica Sinica)》 42(5), 651~666.

Bowen, G., 1979. Report on Stone Tools from Chongokri. 《진단학보》 46·47, 48~55.

Brothwell, D., Higgs, E. (eds.), 1963. *Science in Archaeology: A Comprehensive Survey of Progress and Research*. New York: Basic Books.

Brothwell, D., Higgs, E. (eds.), 1969(2nd ed.). *Science in Archaeology: A Survey of Progress and Research*. New York·Washington: Praeger Publishers.

Butzer, K.W., 1970(2nd ed.). *Environment and Archaeology. An Ecological Approach to Prehistory*. Chicago and New York: Aldine·Atherton.

Cornwall, I.W., 1961(2nd ed.). *Soils for the Archaeologist*. London: Phoenix House Ltd.

Dimbleby, G.W., 1963. Pollen Analysis. In, *Science in Archaeology: A Comprehensive Survey of Progress and Research* (D. Brothwell, E. Higgs eds.), 139~149. New York: Basic Books.

Finlayson, W.D., 2004. Finding Homes for Collections in Arizona and Ontario: The Archaeological and Ethnographic Collections of Albert D. Mohr and L. Laetitia Sample. In, *A Passion for the Past: Papers in Honour of James F. Pendergast* (J.V. Wright J.-L. Pilon eds.), 455~465. Gatineau, Québec: Canadian Museum of civlization.

Institute of Geology (State Academy of Sciences, DPR of Korea), 1996(2nd ed.) *Geology of Korea*. Pyongyang: Foreign Languages Books Publishing.

Kim, W.-Y., 1967. Korea: New Lights on Korean Archaeology. *Asian Perspectives* 10, 39~55.

Munsell Color Company, Inc., *Munsell Soil Color Charts*.

Sample, L.L., 1974. Tongsamdong: A Contribution to Korean Neolithic Culture History. *Arctic Anthropology* 11(2), 1~125.

Sample, L.L., Mohr, A., 1964. Progress Report on Archaeological Research in the Republic of Korea. *Arctic

Sohn, P.-k., 1973. *The Upper Palaeolithic Habitation, Sŏkchang-ni, Korea. A Summary Report*, Seoul, Korea: Yonsei University Museum.

Soil Science Division Staff, 2017. Chapter 3. Examination and Description of Soil Profiles. *Soil Survey Manual*, 83~233. Natural Resources Conservation Service, United States Department of Agriculture.

Wright, Jr., H.F., 1961. Late Pleistocene Climate of Europe: A Review. *Geological Society of America Bulletin* 72, 933~984.

Xu, T., Yue, J.-P., Zhao, H.-L., Gu, L.B., Ge, J.-Y., Li, Y., Yang, S.-X., Petraglia, M., Gao, X., 2024. Blade and microblade industry at Helong Dadong, north-east China, during Marine Isotope Stage 2. *Antiquity*, 1~18. https://doi.org/10.15184/aqy.2024.160

Yang, K.R., 1970. Atomic Energy Research Institute of Korea. Radiocarbon Measurements Ⅰ. *Radiocarbon* 12(2), 350~352.

Yang, K.R., 1972. Atomic Energy Research Institute of Korea. Radiocarbon Measurements Ⅱ, *Radiocarbon* 14(2), 273~279.

● 편지

Bowen, G.L., 19780602. 'Dr. Chung'(June 2, 1978: 정영화 박사에게).
Mohr, A., 19641026. 'Dear Dr. Sohn'(26 October 1964, 손보기 박사에게).
Sohn, P.-k., 19650123. 'Dear Mr. Mohr'(January 23, 1965: 모어 님에게).
Sohn, P., 19650725. 'Dear Dr. Movius'(July 25, 1965, 모비우스 박사에게).
Movius, Jr., H.L., 19650817. 'Dear Professor Pow-key Sohn'(17th August, 1965, 손보기 교수에게).
Sohn, P.-k., 19650920. 'Dear Dr. Movius'(20 Sept. 1965, 모비우스 박사에게).
Movius, Jr., H.L., 19651014. 'Dear Professor Pow-key Sohn'(October 14, 1965, 손보기 교수에게).

● 지도

국토지리정보원, 2023. 〈공주(公州)〉(1:50,000, 2008 편집, 2022 수정).
大日本帝國陸地測量部, 1913. 〈公州〉(1:50,000, 1910 測圖, 1912 製版).
朝鮮總督府, 1922.〈公州〉(1:50,000, 1914 測圖, 1919 修正測圖).

● 신문 기사

《경향신문》1997년 3월 20일, 〈구석기 유적 전시관, 공주 석장리에 건립, 56억 들여 2000년 완공〉.
《대한매일신보》1905년 10월 10일, 〈雲母苗發〉.
《동아일보》1964년 11월 18일, 〈公州郡下에 石器時代의 遺物〉.
《동아일보》1966년 3월 19일, 〈韓國에도 舊石器時代〉.
《동아일보》1966년 12월 27일, 〈徐珉濠씨 懲役2年〉.
《동아일보》1967년 8월 19일, 〈韓國에도 舊石器時代 遺物〉.
《동아일보》1968년 11월 12일, 〈炭素14年代測定器 國內組立成功〉.

《동아일보》1969년 7월 18일, 〈공주 先史遺跡 三萬年 측정(1면)〉, 〈三萬年을 透視(3면)〉.
《동아일보》1970년 9월 3일, 〈공주 遺跡 2萬年前으로 判明〉.
《동아일보》1972년 3월 13일, 〈遺物의 放射性年代 측정〉.
《로동신문》1963년 5월 4일, 〈함북도 웅기군 굴포리 서포항동에서 구석기 시대 유적 발견〉.
《매일경제》2005년 6월 3일, 〈석장리 선사유적 박물관, 내년 초 승격 개관〉.
《연세춘추》1964년 11월 23일, 〈우리나라 최초의 구석기시대 유물 발굴〉. 〔재수록〕 연세대학교 박물관 엮음, 2017.《파른 손보기와 석장리 유적》, 38~40.
《연세춘추》1964년 11월 30일, 〈《베일》벗는 韓國上古史〉. 〔재수록〕 연세대학교 박물관 엮음, 2017.《파른 손보기와 석장리 유적》, 41~45.
《연세춘추》1965년 4월 5일, 〈본 대학교 석기시대 유물 발굴대 금강 유역서 제2차 발굴〉. 〔재수록〕 연세대학교 박물관 엮음, 2017.《파른 손보기와 석장리 유적》, 52~54.
《연세춘추》1965년 5월 17일, 〈연세대 석기시대 유물 발굴대 구석기시대 유물 1000여 점 발굴〉. 〔재수록〕 연세대학교 박물관 엮음, 2017.《파른 손보기와 석장리 유적》, 55~59.
《연합뉴스》2011년 5월 17일, 〈구석기유적지 공주석장리 지명 100년만에 부활?〉.
《조선일보》1964년 11월 24일, 〈밝혀지는 韓國의 舊石器時代〉.
《조선일보》1966년 5월 14일, 〈〈部分交流〉와 國是〉.
《조선일보》1967년 8월 22일, 〈앤아버 東洋學者大會〉.
《조선일보》1969년 7월 19일, 〈公州旧石器時代遺跡 3万年의 歷史 밝혀져〉.
《중도일보》1964년 11월 19일, 〈石器時代 遺物 30点, 延世大 孫敎授 一行이 發掘〉.
《한국일보》2011년 5월 17일, 〈구석기 상징 '석장리' 지명 되찾나〉.
《황성신문》1905년 10월 12, 〈雲母發苗〉.

- **대한뉴스**

공보부, 1966(5월 7일), 〈충남 공주 석장리 구석기 유물 발굴〉,《대한뉴우스》.

- **공문(연세대학교)**

연세대학교 대학원(1964년 5월 26일): 〈사전 유적 발굴 협조 요청의 일〉.
연세 제273호(1964년 6월 4일): 〈금강유역 선사시대 유적지 발굴 허가 신청〉.
연세 제343호(1964년 7월 6일): 〈금강유역 선사시대 유적지 발굴허가 신청〉.
연세 제590호(1964년 10월 27일): 〈금강유역 선사시대 유적지 발굴허가 재신청〉.
연세 제761호(1965년 2월 6일): 〈금강유역 발굴보고의 일〉.
연세 제1030호(1965년 3월 23일): 〈금강유역 선사시대 유적지 발굴 계속 신고〉.
연세 제6-53호(1965년 6월 21일): 〈금강유역 선사시대 유적지 제2차 조사보고〉.
연박 제71-32호(1971년 3월 17일): 〈석장리 발굴 약보고의 일〉.

- **공문(문화재관리국)**

문문화재 1082.1-2146(1964년 6월 13일): 〈발굴 불허 통보〉.

문문화재 1082.1-3975(1964년 11월 2일): 〈문화재 관리에 관한 자문〉.
문문화재 1082.1-4079(1964년 11월 9일): 〈금강유역 선사시대 유적지 발굴허가〉.
문문화재 1082.1-4080(1964년 11월 9일): 〈금강유역 선사시대 유적지 발굴 협조〉.
문문화재 1082.1-85(1965년 1월 7일): 〈선사시대 유적지 발굴 보고〉.
문문화재 1082.1- (1965년 2월 22일): 〈선사시대 유적지 발굴 보고 지시〉.

- **공문(문화공보부)**

연구 1080-5799(1973년 8월 20일): 〈석장리 구석기 유적조사〉.

- **공문(충청남도)**

문예 35300-130(1989년 12월 4일): 〈석장리 구석기 유적지 발굴 허가 신청〉.
문예 35340-812(1992년 6월 3일): 〈사적 제334호 석장리 구석기유적 정비 발굴조사 승인 신청〉.

- **회의록(문화재관리국)**

〈문화재위원회 제1분과 위원회 제6차 회의록〉(1964년 6월 5일, 발췌).
〈문화재위원회 제1분과 위원회 제7차 회의록〉(1964년 7월 9일, 발췌).
〈문화재위원회 제1분과 위원회 제12차 회의록〉(1964년 10월 30일, 발췌).
문화재관리국, 1966. 〈문화재위원회 회의록(1963, 1964년도)〉, 《문화재》 2, 115.

- **문화재청(국가유산청) 고시**

〈제2011- 호(2011년 7월 28일). 국가지정문화재(사적) 지정명칭 변경 및 지정·해제 고시〉.
〈제2018-73호(2018년 6월 21일). '공주 석장리유적' 문화재구역 추가지정〉.
〈제2020-47호(2020년 5월 27일). '공주 석장리유적' 및 '공주 정지산유적' 보호구역 조정〉.
〈제2021-71호(2021년 6월 15일). '공주 석장리 유적' 등 3건의 문화재(사적) 조정 및 보호구역 추가 지정〉.
〈제2021-141호(2021년 11월 19일). 문화재 지정(등록)번호 삭제 및 문화재명 표기 방식 변경 고시〉.

- **공문(장기면 발송)**

〈장암리 행정명칭 변경 신청서 제출〉(2011년 5월 20일).

- **조례 개정(공주시)**

〈'공주시 읍·면·동 및 리의 명칭과 구역에 관한 조례 일부개정조례안' 입법예고문 시보게재 및 홍보 의뢰〉(2011년 6월 8일).
〈제779호 공주시 읍·면·동 및 리의 명칭과 구역에 관한 조례 일부개정조례〉, 《공주시 시보》 433호(2011년 9월 15일).
〈제820호 공주시 읍·면·동 및 리의 명칭과 구역에 관한 조례 일부개정조례〉, 《공주시 시보》 461호(2012년 6월 19일).
〈제821호 공주시 통·반 설치조례 일부개정조례〉, 《공주시 시보》 461호(2012년 6월 19일).

Seokjang-ri Paleolithic Site

HAN Chang-gyun | President, Korean Camp for the Paleolithic Studies
SEO In-sun | Curator, Yonsei University Museum
KIM Su-a | Curator, Seokjang-ri Museum

The term 'Paleolithic' is thought to have first been introduced to the Korean public by the media in 1920s. In the early 1930s, there was claim of a possible Paleolithic site in Korea, but no evidence could be found. In the mid-1930s, fossils of mammoth (*Mammuthus primigenius*), hyena (*Hyaena ultima*), giant deer (*Megaceros* sp.), and obsidian flakes found in the loess deposit at the Donggwanjin site (潼關鎮, Hamgyeongbuk-do), located on the coast of the Dumangang River (豆滿江) in North Korea. However, this site was not acknowledged as a Paleolithic site for a long time.

In early 1962, fossil of mammoth was found at the Jangdeok-ri site (長德里, Hamgyeongbuk-do), close to the East Sea. In the spring of 1963, the first Paleolithic lithic material was unearthed in an Upper Pleistocene deposit in Korea. It was from Gulpo-ri site (屈浦里, Hamgyeongbuk-do), located north of the Jangdeok-ri site.

The Seokjang-ri site (石壯里, Chungcheongnam-do) was first discovered by L.L. Sample and A.D. Mohr at the latter half of 1962. They were searching for archaeological site in South Korea, under the guidance of Professor C.S. Chard (University of Wisconsin) and with financial support from the National Science Foundation. In May 1964, A.D. Mohr and Professor SOHN Po-kee (孫寶基, Yonsei University) collected several knapped stones during a survey of the Seokjang-ri site along the Geumgang River (錦江).

In November 1964, the first excavation of the Seokjang-ri site was begun. In the Middle Paleolithic cultural layer, the first handaxe in Korea was unearthed. In the Upper Paleolithic cultural layer, remains such as a fragment of obsidian blade were found. Archaeological discoveries such as

Gulpo-ri site (1963, North Korea), and Seokjang-ri site (1964, South Korea) played a decisive role in confirming the presence of Paleolithic humans on the Korean Peninsula.

Seokjang-ri site has been excavated 15 times since 1964. Between 1964 and 1974, excavations were done by SOHN Po-kee, director of Yonsei University Museum, and his team. Much of the archaeological research conducted at the Seokjang-ri site is closely connected with this period of study.

In the early 1960s, the overall foundation of Korean Paleolithic archaeology had not been built systemically. Despite these academic constraints, series of natural scientific methods were tried from the early stage of excavation at the Seokjang-ri site. Firstly, researchers attempted to determine the formation period of the Seokjang-ri Paleolithic industry using radiocarbon dating. Secondly based on pollen analysis data, they aimed to reconstruct paleoenvironmental conditions. However, at that time, there were no laboratories in Korea that could conduct radiocarbon dating or pollen analysis, and it was also extremely difficult to find specialists in these fields.

In 1969, charcoal from Layer 6 of Locality 1 at the Seokjang-ri site was radiocarbon dated to $30{,}690 \pm 3{,}000$ BP (48-30 ka cal BP), representing the first absolute age obtained from a Paleolithic site in Korea. Pollen analysis of the Upper Paleolithic habitation layer in the early 1970s revealed the presence of pine (Pinus), spruce (*Picea*), alder (*Alnus*), privet (*Ligustrum*), magnolia (*Magnolia*) and water lily (*Nymphaea*). Charcoal fragments were identified as alder (*Alnus*). Meanwhile, acidity of the paleosol was found to hinder the preservation of organic remains such as animal bones. This study represents the first measurement of soil acidity in prehistoric soils in Korea.

A distinctive feature of the excavations and research at the Seokjang-ri site, compared to other Paleolithic sites in Korea, was consistent attempt to translate Paleolithic terminology into Korean. Thanks to these efforts, it can be said that most of the terms currently used Paleolithic terminology originate from Seokjang-ri site and its artifact.

Continuous operation - including excavation, organization and analysis of artifacts, and the production of a well-prepared excavation report resulted in various types of documentation being produced. Such as excavation diaries, artifact registers, artifact cards, photographs, plans, stratigraphic sections and illustrations. These well-preserved records will give the Seokjang-ri site a significant advantage for re-examination.

In 1966, North Korean archaeologist TO Yu-ho (都宥浩) contributed an article to the official newspaper of the Workers' Party of North Korea, *Rodong Sinmun*, suggesting academic exchange between North and South Korean archaeology, focusing on the Gulpo-ri and Seokjang-ri sites. Unfortunately, due to the tense situation on Korean Peninsula, this never happened.

The Seokjang-ri site was officially designated as a National Historic Site in 1990. The Seokjang-ri Museum, established in 2006, introduced permanent and special exhibitions alongside educational programs. Since the museum's opening, the Gongju Seokjang-ri Paleolithic Festival has also been held annually. In May 2025, the groundbreaking ceremony for the World Paleolithic Park was held. Seokjang-ri site is a historical and cultural place that connects the Paleolithic humans who lived by the Geumgang River with modern people.

The Seokjang-ri site preserved stratified cultural layers from the Middle to Upper Paleolithic periods. Artifacts from each cultural layer demonstrate the characteristics of the Paleolithic industry in the Geumgang River region. These aspects reveal a wide range of stone tool production techniques. From now on, our study will aim to further 'explore the Paleolithic industry of Seokjang-ri site' by conducting a comprehensive analysis of the lithic assemblages.

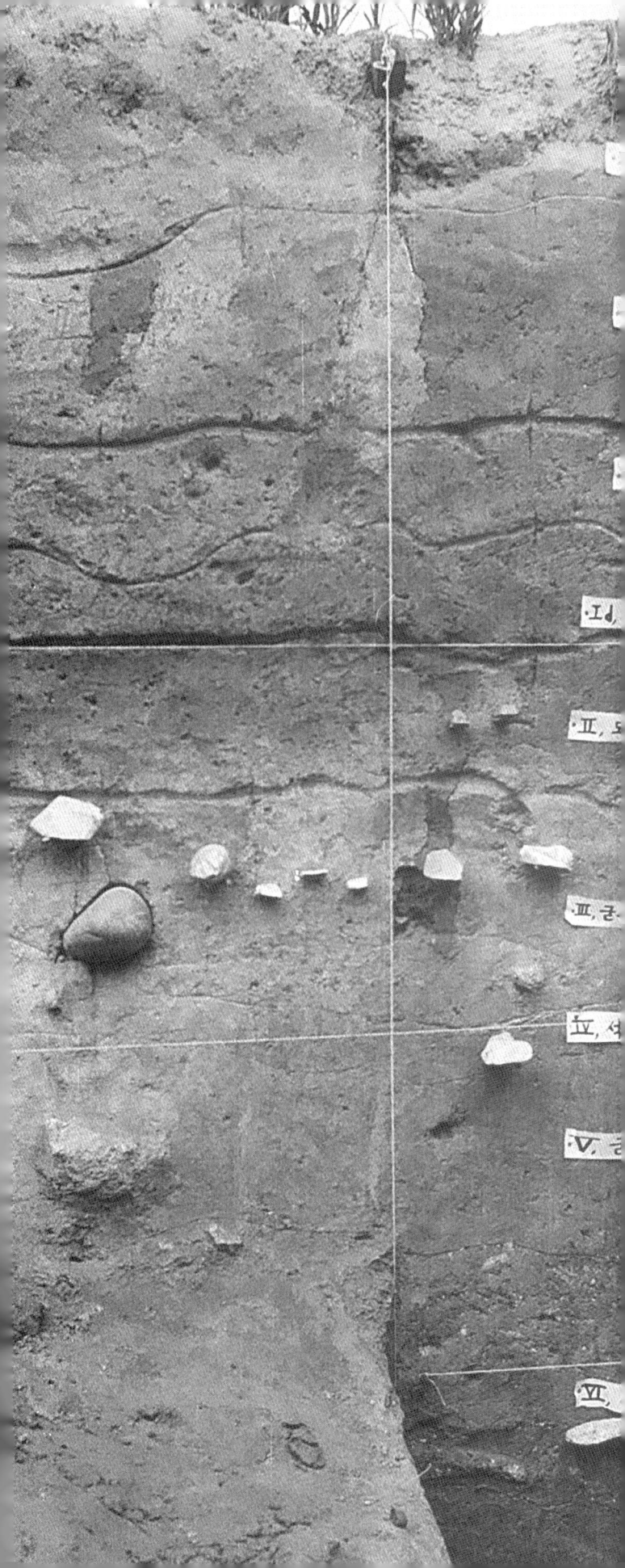

부록 1

석장리 유적 발굴 관계 공문서

1-01. 사전 유적 발굴 협조 요청의 일(1964년 5월 26일)
1-02. 1차 발굴 허가 신청 관련 공문(1964년 6월 4일)
1-03. 발굴 불허 통보(1964년 6월 13일)
1-04. 발굴 허가 재신청(1964년 7월 6일)
1-05. 발굴 허가 재신청(1964년 10월 27일)
1-06. 문화재 관리에 대한 자문 요청(문교부 장관 결제, 1964년 10월 29일)
1-07. 문화재위원회 제1분과 위원회 제12차 회의록(발췌)(1964년 10월 30일)
1-08. 발굴 허가 통보(1964년 11월 9일)
1-09. 금강 유역 선사시대 유적지 발굴 협조(1964년 11월 9일)
1-10. 선사시대 유적지 발굴 보고 제출 요청(1965년 1월 7일)
1-11. 금강 유역 발굴 보고의 일(1965년 2월 6일)
1-12. 금강유역 선사시대 유적지 제2차 조사보고(1965년 6월 21일)

【출처】연세대학교 박물관, 석장리박물관, 국가기록원(대전). * 이 가운데 국가기록원 소장 자료(1-3, 1-6, 1-7, 1-8, 1-9, 1-10)는 원본을 재편집하여 수록되었음.

부록 1-01. 사전 유적 발굴 협조 요청의 일(1964년 5월 26일)

연 세 대 학 교
대 학 원

1964. 5. 26.

수신 충청남도 공주군수 귀하

제목 사전 유적 발굴 협조 요청의 일

    본 대학교 대학원 사학과 주최로 1964년 5월 27일 부터 약 2개월간 충청남도 공주군 장기면　　리　　번지 에서 사전 유적 발굴을 하고자 하오니 협조하여 주시기를 바라나이다.

끝

연세대학교 대학원장　　이　　우

부록 1-02. 1차 발굴 허가 신청 관련 공문(1964년 6월 4일)

연 세 대 학 교

1964. 6. 4.

수신   대학원장
제목   금강유역 선사시대 유적지 발굴허가 신청

　　본 대학교 대학원 사학과와 박물관 운영위원회에서는 금번 충남 공주군 소재 금강유역에서 선사시대의 유적지로 인정되는 장소를 발견하고 이의 발굴을 하고저 문화재 보호법 시행령 제21조에 의한 서류를 갖추어 신청하오니 청허하여 주시기 바랍니다.

연세대학교 대학원 사학과 주임교수   홍   이   섭

연 세 대 학 교

1964. 6. 4.

연세 제273호
수신 문교부 장관
참조 문화재 관리국장
제목 금강유역 선사시대 유적지 발굴 허가 신청

　　　본 대학교 박물관 운영위원회 및 대학원 사학과 에서는
충남 공주군 소재 금강 유역에서 사전 유적지로 인정되는 장소
를 발견하고 별지 문화재 보호법 시행령 제 21조에 의한 서류
를 갖추어 이의 발굴을 신청하오니 청허하여 주시기를 바라나이다.

　　　연세대학교 총 장 윤 인 구

 연 세 대 학 교

1964. 6. 4.

1. 지 번 : 충청남도 공주군 장기면 장암리 93
   소유자
   주 소 : 충청남도 공주군 장기면 장암리 319번지

   소유자
   성 명 : 김 순 남

2. 선사 유물이 매장되어 있는 것으로 인정되는 상기지점은 1964년 4월의 홍수로 인하여 유실됨이 심하고 차후 홍수가 있을때에는 전부 유실될 가능성이 농후함으로 발굴의 필요가 있다고 인정됨

3. 별지 지적도 사본에 표시된 10평 미만의 지점을 발굴할 예정임.

4. 공사 착수 예정   1964년 6월 7일
   종료 예정   1964년 6월 21일

5. 소요 경비   10만원
   경비부담자   서울특별시 서대문구 신촌동 134
                연세대학교

6. 없 음

7. 첨 부 함

8. 발굴 결과 유물이 발견될 때에는 연세대학교 박물관에
   원전히 보존할것임.
9. 본 발굴 요원은 다음과 같음

성 명	직 위	비 고
민 영 규	본 대학교 문과대학 및 대학원 사학과 교수	발굴책임교수
손 보 기	본 대학교 문과대학교수 및 박물관 운영위원회 위원장	
우 병 희	해군사관학교 교관 (본 대학원 위탁생)	수차 발굴 작업의 경험이 있음
노 호 준	본 대학원생	
김 상 헌	〃	
신 성 욱	〃	
이 용 조	〃	

끝

토지 소재지 충남도 공주군 장기면 장암리(石壯里) 九 삼림전

지목 석불옆 경작지 삼십평

有償地 拳文拾坪 (명시도면참조)에서 출토되는 大學校 발굴단 (史學科)의 발굴 요청에 의하여 발굴 작업을 허락 하였음을 玆에 同意함

西紀 一九六四 五月 참일

公州郡 長岐面 石山里 참일구번지

金 順男 (인)

분실下

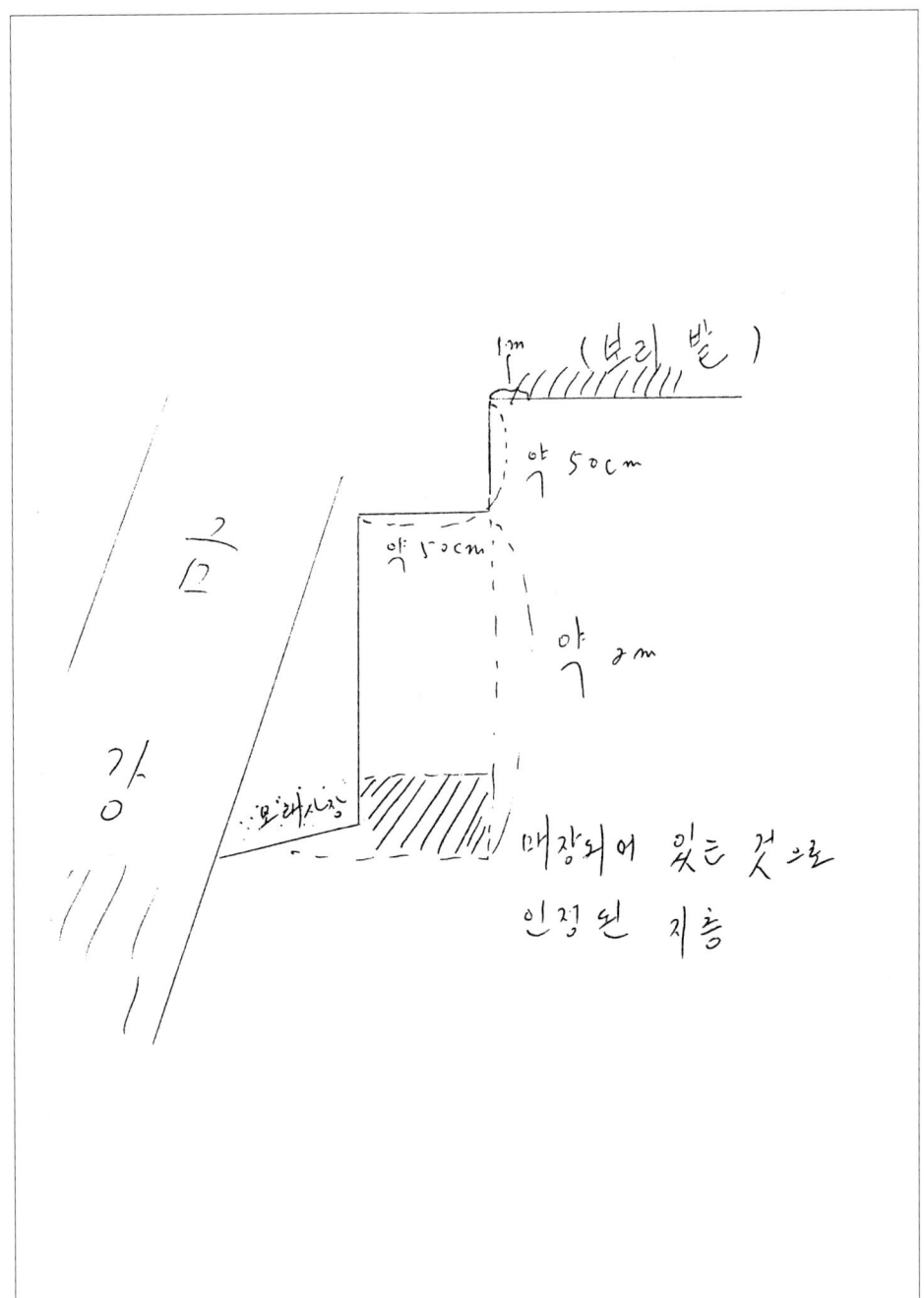

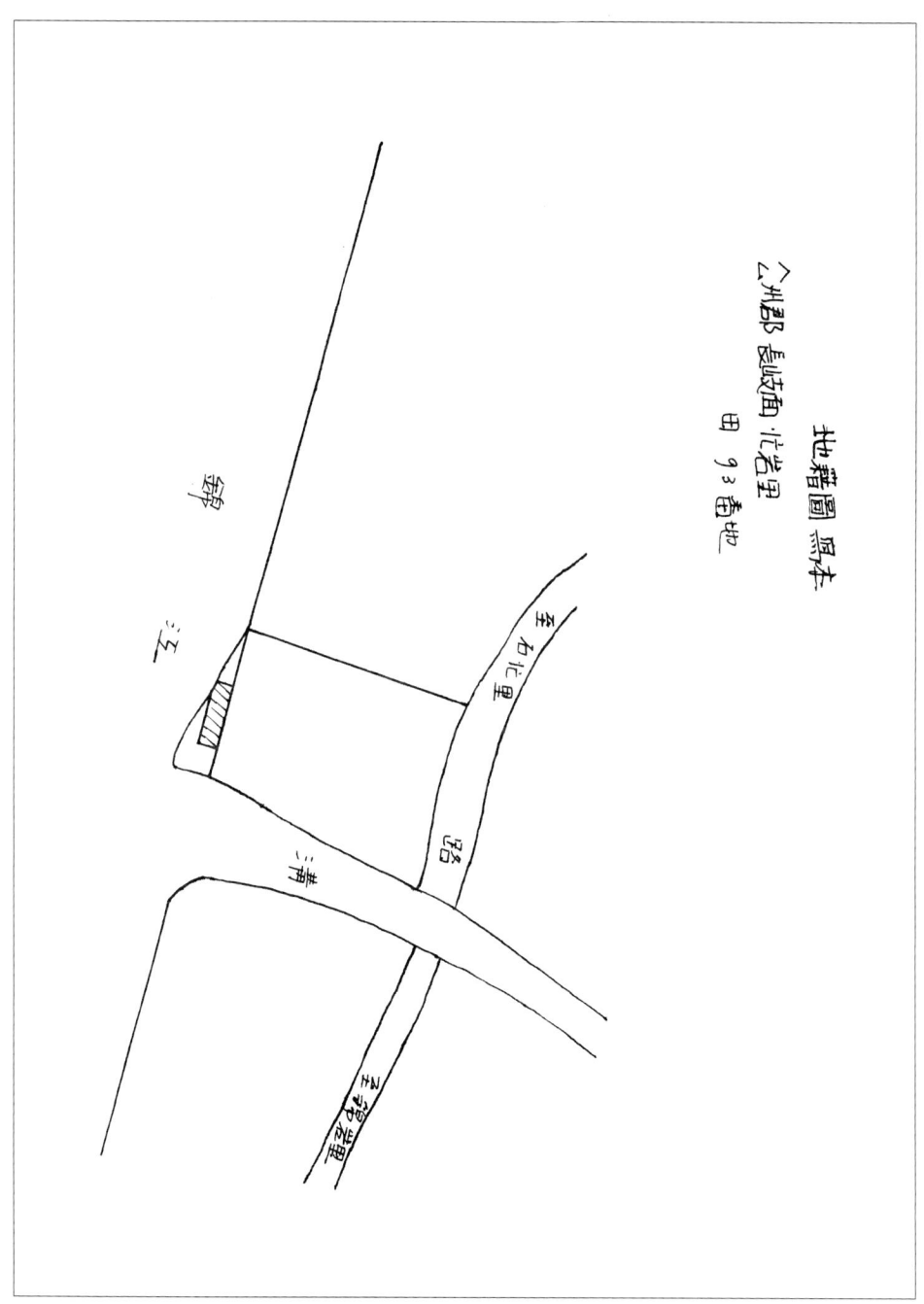

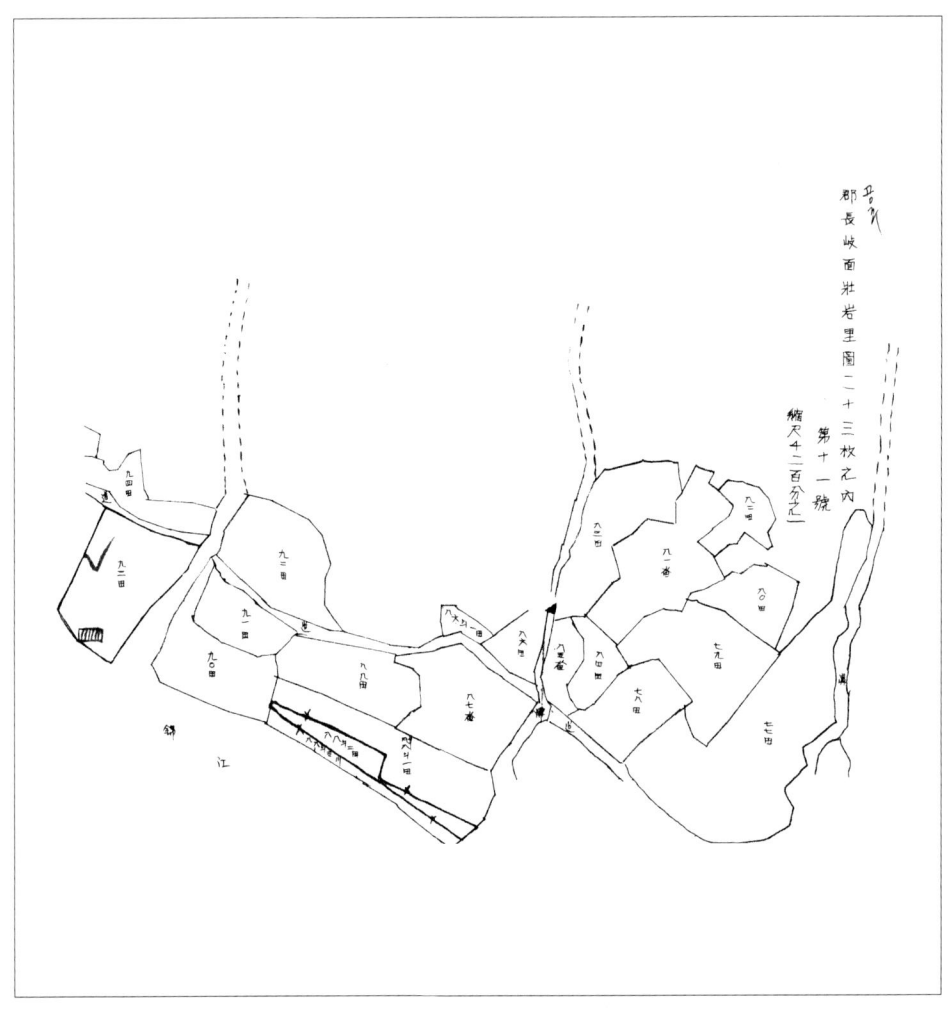

* 발굴 대상 지점(▨)의 해당 지번은 '九三田'으로 수정되어야 함.
* '九八의 二田' 테두리에 있는 '×' 표시: 발굴 대상 지점의 위치가 잘못 그어졌음을 가리킴.

부록 1-03. 발굴 불허 통보(1964년 6월 13일)

기안자	문화재과 박성해		전화 번호	72-5.316		공보	필요	불필요 ○
계장	과장		국장			차관		장관
도장 날인	도장 날인		전결					서명
6/12	6/12							6/12
협조자 성 명						보존 년한		
기 안 년월일	64. 6. 12	시 행 년월일	64. 6. 13	통제과	검열 64. 6. 13		정서 도장 날인	기장 도장 날인
분류기호 문서번호	문문화재 1082.1							
경 유 수 신 참 조	연세대학교 총장 윤인구			발신	장 관			
제 목	발굴 불허 통보							

    귀하께서 1964년 6월 4일자로 제출하신

    "금강유역 선사시대 유적지 발굴 허가 신청"은 매장문화재 보호

    관리상 허가할 수 없으니 양지하시기 바랍니다. 끝.

〔참고 사항〕 문화재관리국 발송번호: No. 2146(1964년 6월 13일)

부록 1-04. 발굴 허가 재신청(1964년 7월 6일)

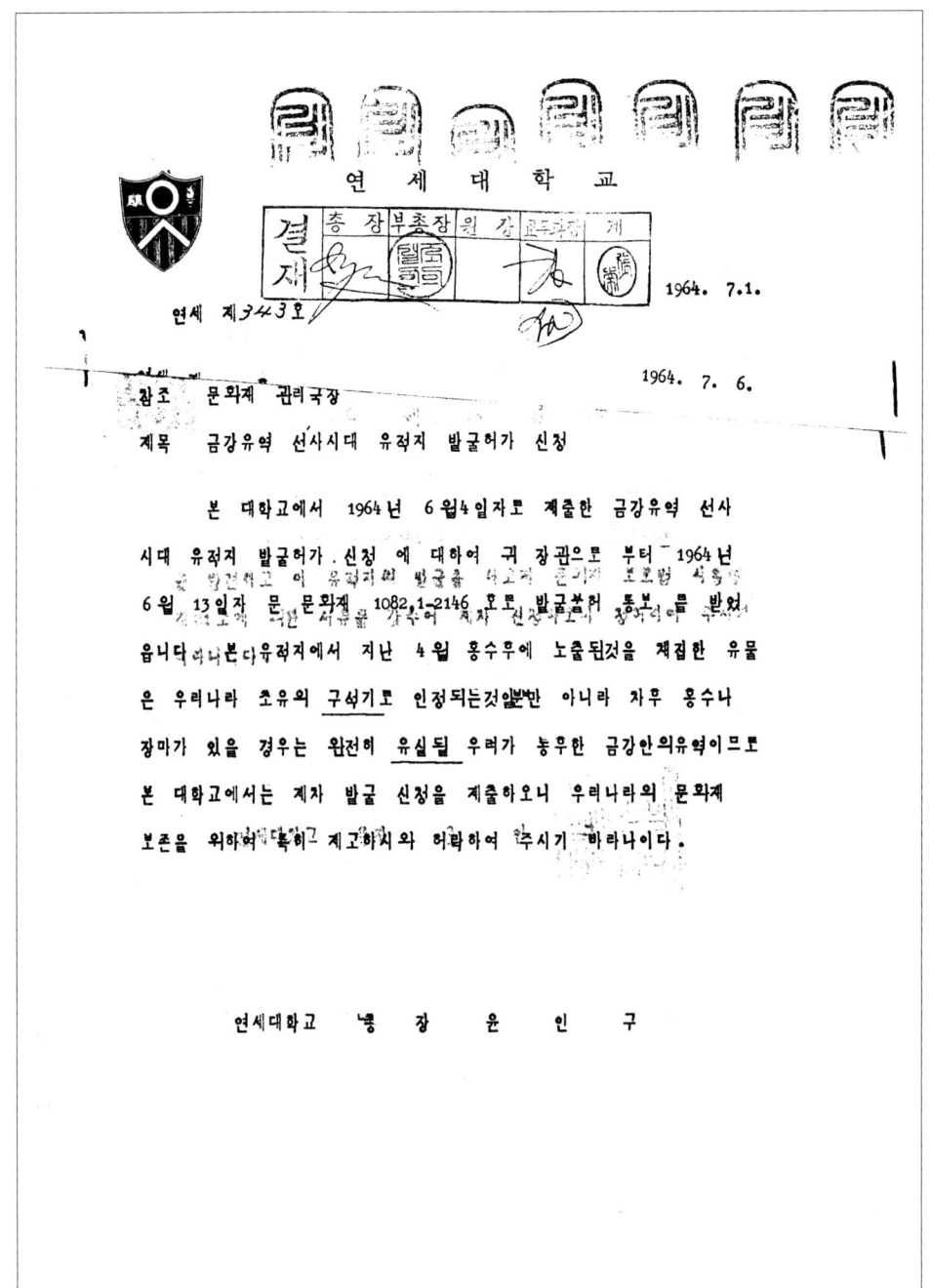

〔참고 사항〕 1964년 7월 1일 교내 결제가 마무리된 이 공문은 1964년 7월 6일 문화재관리국으로 발송되었음.

1. 지번 : 충청남도 공주군 장기면 장암리 93번지

    소유자
    주 소   충청남도 공주군 장기면 장암리 319

    소유자
    성 명   김 순 남

2. 선사 유물이 매장되어 있는 것으로 인정되는 상기 지점은 1964년 4월의 홍수로 인하여 유실됨이 심하고 차후 우기를 경과하면 전부 유실될 가능성이 농후하므로 우기전에 발굴을 완료하여야할 필요가 있음.

    특히 구석기로 인정되는 유물이 지난 4월의 홍수이후에 수점 노출된것을 발견하고 이것의 유실은 중요한 문화재의 손실을 의미 하는것으로 여겨짐.

3. 별지 지적도 사본에 표시된 10평 미만의 지점을 발굴할 예정임

4. 공사 착수 예정일 : 1964년 7월 15일
                       7월 30일

5. 소요경비 : 10만원 본대학교 대학원 연구비에서 책정하였음

    경비부담자 : 서울특별시 서대문구 신촌동 134
                연 세 대 학 교

6. 전설 기타 : 없 음

7. 첨부함 :(연세 제 273호 1964년 6월 4일 신청서에 첨부되었음)

8. 가) 발굴후의 유물처리 :(연세대학교 박물관에 원전히 보존하여 학계의 이용에 편리하게 하겠음)

    나) 발굴보고서는 본 대학교 사학과와 박물관 운영위원회에서 작성 하여 본교 간행물로서 발표하겠음

    다) 발굴 요원은 다음과 같음

                      다음페이지로

성 명	직 위	비 고
민영규	문과대학 및 대학원 사학과 교수	발굴 책임교수
손보기	문과대학 및 대학원 사학과 교수 박물관 운영위원회 위원장	
우병희	해군사관학교 교관 (본대학원 위탁생)	수차 <u>발굴의 경험이</u> 있음
김상헌	본 대학원생	
신성욱	〃	
이융조	〃	
노호준	〃	

끝

부록 1-05. 발굴 허가 재신청(1964년 10월 27일)

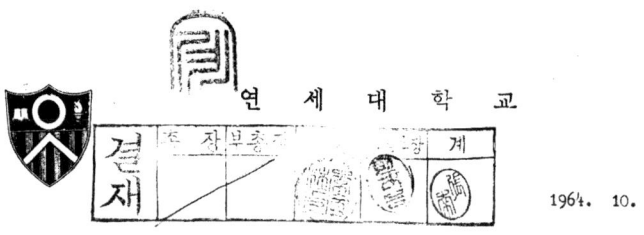

1964. 10. 27.

연세 제570호

수신 문교부 장관

참조 문화재 관리국장

제목 금강유역 선사시대 유적지 발굴허가 재신청

연세 제 343 호(1964년 7월 1일자)로 신청한 바 있는 금강유역 선사시대 유적지 발굴 허가에 대하여 양찰하시고 우리나라 문화재의 새로운 발굴을 위하여 특히 재고 하여 주시기를 바라나이다.

연세대학교 총장 박 대 선

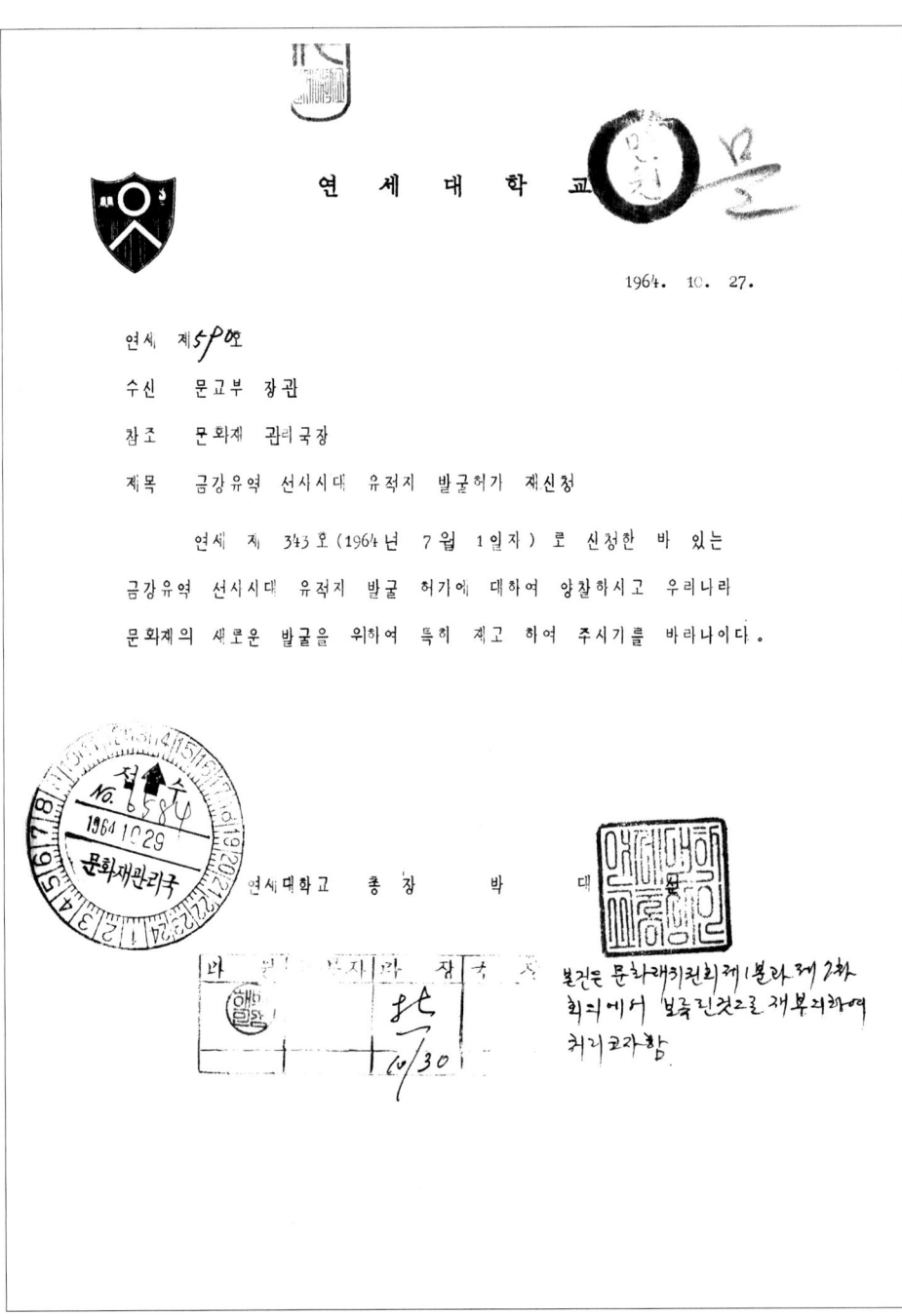

[참고 사항] 문화재관리국 접수 공문(접수번호: No. 6584, 1964년 10월 29일)

부록 1-06. 문화재 관리에 대한 자문 요청(문교부 장관 결제, 1964년 10월 29일)

기안자	문화재과 박성해		전화번호			공보	필요	불필요
계장	과장		국장			차관		장관
서명 10/29	서명 10/29		전결					서명 10/29
협조자 성명						보존 년한		
기안 년월일			시행 년월일	64. 11. 2	통제관	검열 64. 11. 2	정서 도장 날인	기장 도장 날인
분류기호 문서번호	문문화재 1082. 1							
경유 수신 참조	문화재위원회 위원장				발신	장 관		
제목	문화재 관리에 대한 자문							

문화재 보존 관리상 필요하여 다음 사항을 자문하오니

심의하시어 그 결과를 회보하여 주시기 바랍니다.

1. 매장문화재 발굴 허가

  가. 내용

   (1) 신청자명

    연세대학교 총장 박대선

   (2) 발굴지의 지번, 지목, 토지소유자 주소 성명

    충남 공주군 장기면 장암리 93

    충남 공주군 장기면 장암리 319 김순남

   (3) 발굴 사유

    구석기시대의 유물을 연구하기 위함.

   (4) 소요 경비, 경비부담자

    10만원, 연세대학교

〔참고 사항〕문화재관리국 발송 번호: No. 2146(1964년 6월 13일)

(5) 발굴 담당자

연세대학교 민영규 교수, 손보기 교수 외

동교 대학원생 4명

(6) 기타 사항

(가) 발굴코자 하는 지역은 금강 유역으로 64. 4월

홍수 이후에 수점의 구석기 유물이 노출되었던 것을 발견하였음.

(나) 토지소유자의 승낙서는 첨부되었음.

나. 상기 신청에 대하여 다음과 같은 조건으로

허가하고자 함.

(1) 발견 유물 일체는 문화재보호법 제45조, 제47조

제3항 및 동법 시행령 제21조에 의하여 보고하고 1년 이내에

학술보고서를 제출할 것.

유첨. 발굴지 현황도면 1부 "끝"

부록 1-07. 문화재위원회 제1분과 위원회 제12차 회의록(발췌)(1964년 10월 30일)

문화재위원회 제1분과위원회 제12차 회의록(발췌)
일시. 1964. 10. 30   16:00
장소. 문화재관리국 회의실
전략
의결 사항
3. 발굴 허가 관계
제1분과 제7차 회의에서 보류되었던 연세대학교
금강 유적지 발굴 허가 관계는 김원룡 위원 지도하에 발굴 허가
하도록 하며 발굴보고서는 1년 이내에 제출토록 하기로 한다.
후략

부록 1-08. 발굴 허가 통보(1964년 11월 9일)

기안자	문화재과 박성해		전화번호	72-5316		공보	필요	불필요
계장	과장		국장			차관		장관
서명	도장 날인		전결					서명
11/5	11.5							11.7
협조자 성명						보존 년한		
기안 년월일	64. 11. 5	시행 년월일	64. 11. 9	통제관	검열 64. 11. 9		정서 도장 날인	기장 도장 날인
분류기호 문서번호	문문화재 1082. 1							
경유 수신 참조	연세대학교 총장			발신	장관			
제목	금강 유역 선사시대 유적지 발굴 허가							

1964년 7월 6일자로 제출하신 금강 유역 선사시대

유적지 발굴 허가 신청에 대하여는 다음과 같은 조건으로 별첨과

같이 허가함.

1. 문화재위원회 김원룡 위원 지도 하에 발굴할 것.

2. 발굴시에 출토되는 유물 일체는 문화재보호법 제45조

및 제47조에 의하여 처리할 것.

3. 발굴을 완료하였을 때에는 문화재보호법 제43조

제3항 및 동법 시행령 제21조 제2항에 의하여 보고하고 1년 이내에

학술보고서를 제출할 것.

4. 발굴 작업 중에는 작업 장소에 허가사항을 제시할 것.

유첨. 매장문화재 발굴 허가서 1통 "끝"

〔참고 사항〕 문화재관리국 발송 번호: No. 4079(1964년 11월 9일)

부록 1-09. 금강 유역 선사시대 유적지 발굴 협조(1964년 11월 9일)

제2안
수신. 충청남도 교육위원회 교육감
제목. 금강 유역 선사시대 유적지 발굴 협조
연세대학교 총장으로부터 귀관내 공주군 장기면 장암리
93번지에 대한 발굴 허가 신청이 제출되어 별첨 사본과 같이
허가하였으니 관계기관에 지시하여 본 발굴 작업에 적극
협조하도록 조처하시기 바람.
유첨. 매장문화재 발굴 허가서 사본 1통 "끝"

〔참고 사항〕 문화재관리국 발송 번호: No. 4080(1964년 11월 9일)

문문화재 1082.1 -   호

매장문화재 발굴 허가

1. 신청자

　　　연세대학교 총장 박대선

2. 발굴 장소

　　　충청남도 공주군 장기면 장암리 93

3. 발굴 기간

　　　1964. 11. 12 ~ 1964. 11. 26

4. 발굴 담당자

　　　문화재위원회 김원룡 위원 지도하에 연세대학교 민영규, 손보기

　　　교수

5. 발굴 목적

　　　구석기시대의 유물을 연구하기 위함.

　　　　위와 같이 허가함

　　　　　1964년 11월   일

　　　　문교부 장관 윤 천 주

부록 1-10. 선사시대 유적지 발굴 보고 제출 요청(1965년 1월 7일)

기안자	문화재과 박성해		전화번호	72-5316		공보	필요	불필요 0
계장	과장		국장			차관		장관
서명 1/4			전결					서명 1/4
협조자 성 명						보존 년한		
기 안 년월일	64. 12. 26	시 행 년월일	64. 11. 9	통제관	검열 65. 1. 7		정서 도장 날인	기장 도장 날인
분류기호 문서번호	문문화재 1082. 1							
경 유 수 신 참 조	연세대학교 총장			발신	국 장			
제 목	선사시대 유적지 발굴 보고							
	1964. 7. 6.자로 제출하신 선사시대 유적지 발굴 허가 신청에 대하여는 64. 11. 9 문문화재 1082.1 - 4079로 허가하고 동시에 동 발굴 조사가 완료되면 문화재 보호법 제43조 제3항 및 동법 시행령 제21조 제2항에 의하여 보고하도록 지시한 바 있으나 아직까지 발굴 보고서를 제출하지 않아서 사무처리상 지장이 막심 하오니 속히 보고하시기 바랍니다. "끝"							

〔참고 사항〕 문화재관리국 발송 번호: No. 85(1965년 1월 7일)

부록 1-11. 금강 유역 발굴 보고의 일(1965년 2월 6일)

 연 세 대 학 교

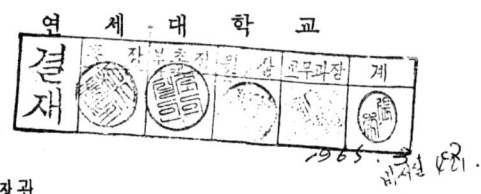

연세 제 761

수신 : 문교부 장관

참조 : 문화재 관리국

제목 : 금강유역 발굴보고의 일

　　본 대학교 대학원 사학과 및 박물관 운영위원회에서는 문교부 장관의 허가를 얻어 (문 문화재 1082.1호) 별지와 같이 1964년도 계획에 의한 발굴작업을 하였기 이에 보고하옵니다.

　　　　　　연세대학교　총　장　박　대　선

발굴허가번호　　　　　　　　호
발굴지역　　충청남도 공주군 장기면 석장리
발굴기간　　1964년 11월 10일부터
　　　　　　1964년 11월 29일 까지

발굴현황

　　연세대학교에서는 1964년 11월 10일부터 충청남도 공주군 장기면 석장리 금강연안에 위치한 선사시대 유적지를 김원용 문화재 보존위원 및 본대학 사학과 손보기 교수 지휘하에 본교 대학원 사학과 및 박물관운영위원회에서 참가하여 조사 발굴을 실시하였다.

1. 발굴은 강연안 단층이 노출된 유물함유층의 일부를 중심으로 하여 기축을 남북으로 삼고 5미터 평방 (5제곱미터)의 트렌지를 구축하여 기준표토히 약 8미터 까지 굴하하였다 이에 의하여 표토 조사층 점토층 제3의 토석혼합층으로 성층되어 있음을 알게되었으며 이에 따라 각층마다 유물함유층에서 출토되는 유물들은 특색을 보이고 있다

2. 발견된 유물들은 제1---2 석층밑 즉 표토하 3.7-4.2 미터 간에 흑갈색 점토층내에 목탄층이 함유되어 있다. 이층을 상하로 반암 및 번암계의 core, core-biface, flake tool, flake refuse, scraper, hand axe, graver 등과 규장암 규질각암계통의 micro-blade 및 역석개 석기가 발견되고 있었다.

이 점토층 아래 제 삼석층인 토석혼합층에서 석영 및 석영 변성 암계의 비교적 형태가 큰 core-bifare, chopper graver, chopping tool, cleaver 등의 발견됨을 알게 되었다.

3. 이 석층은 계속 8미터 이하로 연장되고 있을뿐아니라 현재 강의 수면보다 2미터 이하 하강되어있으므로 이 트렌치 내부로 계속 누수되어옴으로 작업이 비능률적이고 배수시설이 구비되어 있지 않는한 예상외로 기일을 더 필요하게 되므로 이조사는 단시일네로 끝날수 있는 유적지가 아닌것이 증명되어 일단 발굴을 중단하고 년차 계획으로써 조사코저 명년 해동기를 맞이하여 재차 발굴 계획을 실시코저 하는 바이다.

4. 발굴 조사에 의하여 각층의 토양채취와 목탄을 채취하여 C-14 방사능측정을 의뢰하여 확실한 년대를 밝히고저하는 바이며 채취된 토양은 상공부 지질조사소에 의뢰 검사의뢰를 하였다.

발견된 유물들은 무토기 시대의 유물임은 틀림없으므로 더 연구와 다른나라와의 비교연구를 하여 확실한 시대를 규정코저하는 바이다. 채취된 유물의 수는 약 500여점에 달하고 있다.

5. 전망과 계획

3항에서 언급한바와 같이 발굴 트렌치 내부로 누수가 심하게 침입함으로 발굴지 일부를 발굴치 못하고 중지하였다. 즉 트렌치의 북서면에 접한 3미터 평방에 표토하 4미터 이하는 발굴을 중단하고 명년 해동기를 맞이한 3월말부터 4월초에 걸쳐 재발굴을 실시하여 나머지에 과제를 밝히고저하는 바이며 우리나라의 초유의 선사시대인 무토기문화의 연구에 기여하고저 본대학교에서는 년차 계획을 세워 구석기시대 연구 발전에 기여 하기를 희망 하여 마지 않습니다.

아울러 1964년도 발굴은 미완성 상태이므로 발굴지 지역을 보호하기 위하여 철조망으로써 현재발굴지 주위 보호책을 세워 보게 하였다
(별지 사진 참조)

정식보고서는 1965년도 발굴을 마친후 연구하여 출판물로서 인쇄하겠읍니다.

부록 1-12. 금강 유역 선사시대 유적지 제2차 조사보고(1965년 6월 21일)

연 세 대 학 교

연세 6-53   1965. 6. 21.

수신   문교부장관
참조   문화재 관리국장
제목   금강유역 선사시대 유적지 제2차 조사보고

　　본 대학교 박물관 및 사학과에서 하기에 의하여 실시한 발굴 결과를 별첨과 같이 각각 보고합니다.

　　　　　　　　　　　기

　가) 1965. 3. 23. 자 연세 1030 호 신고에 의한 공주군
　　　장기면 석장리 93 번지 발굴 보고
　나) 1965. 4. 21. 자 문문화재 1082-1-1932 호 매장문화재
　　　발굴허가에 의한 발굴 보고

유첨 : 발굴조사 보고   가) 나) 각 1 통   끝.

연세대학교   총장   박   대   선

가) 연세 1030 호 신고에 의한 계속 발굴조사 보고

발굴지역 : 충청남도 공주군 장기면 석장기 93
발굴기간 : 1965 년 4 월 3 일부터 1965 년 5 월 3 일까지
조사사항 : 1965 년 3 월 23 일자 연세 1030 호 신고에 의하여 연세대학교 박물관 및 사학과에서는 제2 차 금강유역 선사시대 유적지 발굴조사를 박물관장 손보기 교수 지도하에 4 월 3 일부터 1 개월간 계속 실시하였다.

1) 발굴지역은 제 1 차 발굴조사한 5 미터 평방(2.5 평방미터)를 $A1$ 핏드로 정하고 5 미터평방 단위로 $A1$ 지역에서 서편 $-A1-B1-C1$을 설정하고 정북쪽으로는 $A2, A3$ 를 설정하였다.

2) 발굴지 기준점은 제 1 차 조사시에 설정한 기점을 계속 사용하였다.

3) 발굴과정에 있어서 $-A1-B1-C1$지역은 금년도 강우기를 당하여 중수 되면 유실될 위험성이 농후한 지역이었는바 기준표하 5.3 미터까지 발굴하였다. 한편 A 지역은 작년 발굴의 계속으로 기준표하 11 미터 까지 굴하고 북쪽으로 연안에서 좀 떨어진 $A3$ 지역을 조사하였다.

4) 조사결과 : $-A-B$ 지역조사에 의하여 A 지역보다 풍부한 유물들의 분포상태가 군(집단)을 이루어 출토되었을 뿐 아니라 석기제작에 사용된 것으로 추측되는 모루($Anuil$)가 석기제작기구와 더불어 석기 및 박편들이 발견되었다. 목탄층 출토는 지역에서 1 층으로 발견되었던 것이 이곳에는 2 층이 발견되었고 제 2 층에서는 작년(제 1 차)의 목탄 보다 큰 목탄이 발견되었다.

지역에서는 표토하 3 미터 60 센치에서 4 미터간에 석기들이 출토 되고 있으나 유물의 출토양이 적을뿐 아니라 제 2 석층과 제 3 석층간의 간격이 매우 좁은것을 발견하였다. 이로 인하여 A 지역과의 남북선상의 지층의 경사도와 토층구성관계의 좋은 자료를 얻었다.

지역 조사에서는 기존표고하 7미터 50센치부터 8미터간에서 식물의 조직을 포함하는 주황색점토를 채취하였다. 각 지역에서는 화분검출을 위한 토양을 채취하고 카본데이팅을 위한 카본을 층위마다 채취하여 평균연대의 상.하 한을 구하려고 하고 있다.

5) 채취된 유물의 종류 : 석기제조를 위한 모루(Anvil) 와 반암, 규장암, 규질각암, 번암 석영 및 자갈돌로 제조된 주먹도끼(Hand Axe) 날(Blade) 찍개(Chopper) 돌마치(Hammer Stone) 긁개(Scraper) 돌몸(Core) 제1차에 없었던 날몸돌(Blade Core) 등 석기 150여점 박편(Flake) 550여점 화분(Pollen) 검사를 위한 토양 150여점 특수토양 20여점 카본데이팅을 위한 목탄 50여점을 채취하였다.

6) 앞으로의 전망

 가) 이 유적지는 하천의 범람에 따른 파괴 및 유실의 위험성이 짙으므로 그에 대한 대책이 시급할뿐 아니라 보호 및 보존대책도 긴급을 요한다고 생각된다.

 나) 상술한 바와 같이 A1-B1-C1지역 및 A3 지역에서 출토되는 유물이 서로 연관성을 가지고 있으며 집단으로 출토되는 석기와 관련이 있는 돌마치, 모루, 첨두기 등이 동 발굴지점의 북부지역으로 연장되어 있으므로 연차적으로 계속 발굴할 필요가 있다.

 다) 따라서 발굴지 부근에 주거지가 존재하고 있을것으로 추정되기 때문에 앞으로 이 주거지 발견에 주력을 두어야 될것으로 생각된다. 제1. 2차 조사에 의하여 우리나라 고유의 구석기시대 연구의 전망은 밝혀졌으며 북벽쪽의 연장발굴이 끝나는대로 정식 보고서의 간행이 가능할것이나 조속한 간행을 위하여 연구조사를 병행하며 발굴도 년차적으로 진행시킬 계획이다.

나) 문문화재 1082-1-1932 호에 의한 발굴보고

발굴지역 : 충청남도 공주군 장기면 석장리 88-2

발굴기간 : 1965 년 4 월 22 일부터 1965 년 5 월 3 일까지

조사사항 : 1965 년 3 월 31 일자 연세 1074 호 「금강유역 선사시대 유적지 추가발굴 허가신청」에 대한 1965 년 4 월 21 일자 문문화재 1082-1-1932 호 「매장문화재 발굴허가」를 얻어 발굴조사를 하였다.

가) 발굴동기는 제 1 차 발굴조사시 공주군 장기면 석장리 93 번지 발굴지역에서 동쪽으로 약 100 미터 떨어진 급한 단애 밑 부분에서 사전토기 파편 수점을 발견하여 그 주변을 조사를 한 결과 반암점두기 1 점을 발견하였으며 1965 년 3 월 27 일 이 부근을 재조사한 결과 해동기를 맞이하여 단애가 무너진 자리에서 석영질 주먹도끼 (Hand Axe) 1 개를 발견하므로서 사전토기 문화와 무토기 문화와의 관련이 혹시 밝혀지거나 않을까 하는 전제에서 발굴을 시작하였다. 이 지역의 명칭은 7 지역으로 가칭하였다.

나) 7 지역의 설정에 있어서는 남북을 기축으로 삼고 폭 동서 3 미터 길이 5 미터의 핏트를 구획하고 발굴하였다. 표토하 80 센치 지점에 이르렀을때 이곳에서 약 5 센치 높이의 섬(둑의 유실을 방지하기 위하여 나무가지로 보강한것)을 발견되어 경작지 소유자에게 경위를 문의하였던바 1946 년 홍수에 경작지의 일부가 많이 유실되었기에 그후 이곳에 섬을 쌓고 흙을 경작지 표토에서 저날러 쌓았다는것이 밝혀졌다. 이를 확인한 후 기준표토하 6 미터까지 표토 부분을 제거하였으나 아무런 유물도 발견하지 못하였다.

다) 7 지역의 발굴을 일단 중지하고 동으로 32 미터 떨어진 곳에 단애를 조사하여 본 결과 반암 긁개(Scraper) 1 점을 표토하 1.5 미터 지점에서 발견하고 동 지점에서 동으로 약 3 미터 떨어진 곳에서는 표토하 약 10 센치 되는 지점에서 유문사전토기 파편 1 점을 발견하였다. 그러나 이곳은 수면에서 멀지않은 곳이므로 7 지역에서 동북쪽으로 10 미터 떨어진

곳에 ㄴ지역을 설정하고 3 미터 평방의 핏드를 구획하였다.

라) ㄴ지역은 남,북,동,서 각 3 미터로 정하고 발굴작업을 시작하였다. 표토층 (모래층)의 깊이가 다른 지역과 달리 약 2 미터가 되고 이 표토층 속에서는 자갈돌, 토기파편, 옹기파편 등 교란이 심한것이 엿보였을 뿐이다. 그리고 표토하 8 미터 기점하 6 미터 지점까지 굴하하였으나 문화층은 없었다.

마) 토층은 기점하 2 미터 정도까지 모래를 이루었고 그 아래는 50 센치 깊이의 점토층 그 이하는 석엽질 주먹도끼가 발견되었던 토층과 근사한 다사질 점토층을 이루고 있다. 이층 구성은 A 지역의 지층구성과는 판이하여 이 일대의 지층구성 연구에 신자료를 얻었고 여러가지 새로운 문제가 제기되었다.

발굴결과 : ㄱ지역과 ㄴ지역에 있어서 토기문화와 무토기문화의 문화전난 관계는 밝혀지지 않았으나 ㄴ지역을 중심으로하여 더 깊이 발굴하여야 할것이 절대로 필요하다.

앞으로의 전망 : ㄴ지역의 발굴은 앞으로 계속되어야 하므로 비닐을 깔고 대귀었다. 발굴지가 깊어짐에 따라 용수가 분출되어 발굴작업에 지장을 초래하므로 차후 조사에는 양수기와 기타 중장비를 가추어 선전적인 발굴계획을 세워 계속 년자발굴계획이 절대로 요망된다.

부록 2

신문 보도

2-01. 《로동신문》 1963년 5월 4일: 〈함북도 웅기군 굴포리 서포항동에서 구석기 시대 유적 발견〉

2-02. 《동아일보》 1964년 11월 18일: 〈公州郡下에 石器時代의 遺物〉

2-03. 《연세춘추》 1964년 11월 23일: 〈우리나라 최초의 구석기시대 유물 발굴〉

2-04. 《조선일보》 1964년 11월 24일: 〈밝혀지는 韓國의 舊石器時代〉

2-05. 《연세춘추》 1964년 12월 7일: 〈구석기시대 유물발굴의 成果와 問題點(손보기)〉

2-06. 《연세춘추》 1965년 5월 17일: 〈연세대 석기시대 유물 발굴대 구석기시대 유물 1000여 점 발굴〉

2-07. 《The Korea Herald》 APRIL 10, 1966: 〈Clue to Paleolithic Age in Korea Found〉

2-08. 《로동신문》 1966년 5월 11일: 〈우리 나라 구석기 시대 연구를 위하여〉

2-09. 《동아일보》 1969년 7월 18일: 〈공주 先史遺跡 三萬年 측정〉(1면), 〈三萬年을 透視〉(3면)

【출처】《동아일보》, 《조선일보》 등 (NAVER 뉴스 라이브러리 참조), 《연세춘추》, 《The Korea Herald》, 《로동신문》 (통일부 북한자료센터, 국립중앙도서관)

부록 2-01. 《로동신문》 1963년 5월 4일

함북도 웅기군 굴포리 서포항동에서
구석기 시대 유적 발견

【평양 5월 3일 발 조선 중앙 통신】 최근 함북도 웅기군 굴포리 서포항동에서 만여 년 전의 구석기시대 유적이 과학원 고고학 및 민속학 고고학 연구실 연구 집단에 의하여 발견되었다.

우리 나라에서는 함북도 화대군 장덕리를 비롯한 여러 곳의 지질학적 제 4 기층에서 털코끼리와 서우 등 화석 동물의 유골이 발견된 적은 있으나 구석기 시대 인간이 쓰던 유물이 발견된 것은 이번이 처음이다.

고고학 연구실 연구 집단은 우리 나라의 유구한 력사를 밝히며 선조들의 고귀한 문화 유산을 계승 발전 시킬 데 대한 수상 동지의 교시를 관철하기 위한 다년 간의 과학 연구 사업을 통하여 구석기 시대 유적을 발견함으로써 조국 력사의 유구성을 증명하는 데 커다란 공헌을 하였다.

이미 웅기군 굴포리 서포항동에서는 신석기 시대에서 청동기 시대에 이른 여러 시기의 집 자리가 층층으로 겹놓인 조개 무지 유적이 발굴된 바 있는 데 연구 집단은 1960년부터 여기서 해마다 발굴 사업을 진행하였다.

1962년에는 이미 설정한 구획 내의 조개 무지층에 대한 발굴 사업을 일단락 짓고 그 밑에 놓인 지층 정형을 조사하기 시작하였는데 이 과정에 조개 무지 밑의 붉은 진흙층에서 석영석으로 만든 타제 석기 1 점을 발견하였다.

고고학 연구실 연구 집단은 이 유물을 여러 가지 측면으로 대비 연구한 결과 구석기 시대 유물이라는 것을 확인하였으며 이에 기초하여 금년 4월 10일부터 26일까지 또다시 현지에서 발굴 조사 사업을 진행하였다.

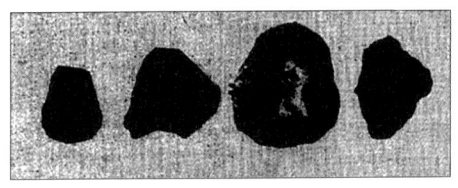

사진: 함북도 웅기군 굴포리 서포항동에서 발견된 구석기시대의 타제 석기들 (조선 중앙 통신사 제공)

즉 신석기 시대 문화층 밑에는 두께 약 75 센티 메터의 사질 양토층이 있고 그 아래에 두께 1 메터 정도의 붉은 갈색의 진흙층이 있는데 이 두지 지층 경계 부분에서 타제 석기 3 점이 나왔으며 붉은 갈색의 진흙층에서도 타제 석기 2점이 발견되였다. 지난해에 발견한 타제 석기 역시 붉은 갈색의 진흙층에서 나왔었다.

새로 발견된 석기들은 석영석, 혈암석 등을 가지고 량면 가공 기술로 만든 것이다. 그의 형태로 보아 만여 년 전의 구석기시대 후기의 것으로 인정되는 이 석기들은 구라파 구석기 시대의 것과는 매우 다른 것이다.

우리 나라 고고학자들은 독특한 형태를 가진 이 유물군을 《굴포 문화》라고 이름 짓고 지금 그것에 대한 연구 사업에 력량을 집중하고 있다.

부록 2-02. 《동아일보》 1964년 11월 18일

公州郡下에 ======
石器時代의 遺物
延世大 發掘隊員들 發掘   石劍의 〈날〉 등 30點

【公州郡長岐面石壯里=廉鐘九公州駐在特派員發】公州군 長岐면 石壯리에서 孫寶基교수를 대장으로 한 延世大 발굴대 일행 八명은 지난 15·16·17 三일 동안 2〈미터〉 50〈센티〉 지점에서 1만에서 3만년 전으로 추정되는 구석기시대의 〈마이클로·브레이드〉(석검의 날) 1점 〈스크레이퍼〉(剝片石器) 3점 〈핸드액스〉(손도끼) 1점 모두 5점과 석기를 만들 때 떼낸 석편 20여종을 발굴했다.

발굴된 유물… 동전 및 연필 크기와 좋은 대조가 된다.

지난 5월 27일 延世大 孫교수가 錦江 연변을 답사하다가 公州읍에서 六〈킬로〉쯤 떨어진 錦江 상류 강변 낭떠러지(公州군 長岐면 石壯리 九三)에서 구석기시대의 석기 三O점을 발견한 것을 계기로 延世대학 발굴대는 서울대학 金元龍교수와 함께 지난 12일부터 이 지역의 발굴에 착수했었다.

이 지방에서 구석기시대의 유물이 발견됨으로써 우리나라 상고사(上古史) 연구에 중요한 자료를 제시하게 될 것이다.

▲ 金元龍박사의 말=우리나라에서 최초로 발견된 구석기후기시대의 석기로 단정할 수 있다. 제조수법이 서양의 구석기시대의 것과 같고 석질(石質)이 경석질(硬石質)이며 완전품이다.

부록 2-03. 《연세춘추》 1964년 11월 23일

우리나라 최초의
구석기시대 유물 발굴

한국 상고사 전복될 가능성 짙어
20일 현재 손도끼, 돌칼 등 160여점

▶… 지난 12일부터 충남 공주군 금강유역에 있는 장기면 석장리 93번지 일대를 발굴하고 있는 본 대학교 석기시대 유물 발굴대는 20일 현재 지표 하 6m 암반 하[1] 11m 지점까지 파고 들어가 충적층(지표에서부터 10m 미만)을 지나 홍적층에 들어가고 있는 것으로 인정되며 3개의 석층과 4개의 점토층을 파헤쳐 많은 유물을 발굴함으로서 다대한 성과를 거두고 있다.…〈현지에서 본사 황용남 특파원 보도〉…◀

사진은 지하 6m의 발굴 현장에서 유물들을 골라내고 있는 대원들과 각내는 발굴된 유물 중의 하나인 돌망치이다.

지금까지 출토된 유물은 표토 하의 돌과 같이 견고한 점토층과 석층에서 나오고 있는데, 20일 현재까지 채집된 것은 다음과 같다.

---

1) '암반 하'에서 암반은 돌이 많이 섞여 있는 단단한 퇴적층을 가리킨다.

① 혼사점토층(混砂粘土層)에서 식물부식질(植物腐植質)을 채집
② 제2황갈색점토층에서 카본(목탄)을 채집하고 소토(燒土)를 발굴
③ 제1석층 하 혼석점토층(混石粘土層)에서 카본 채집
④ 제2석층 하 점토에서 카본층을 발굴하고 카본을 채집
⑤ 제3점토층에서 반암(班岩) 계통의 후레이크(剝片石器)를 다수 발굴
⑥ 제3점토층 4m~5.5m 지점에서 핸드 액스(손도끼) 3종(Core-biface, Monoface) 각 2점, 경석질(硬石質)의 마이크로 블레이드(석검의 날) 3점, 프로젝타일 블레이드(尖石刃), 스크레이퍼(削石器) 6점, 초퍼(石作刀), 그레이버(彫刻刃) 4점, 햄머 2점 코어노둘(석기를 만들고 남은 석재) 1점, 후레이크 70여 점과 폴렌테스트(花粉檢査分析) 토양을 채집
⑦ 제3석층은 비교적 깊고 그 이하의 제4점토층을 발견하였고 4미터나 발굴하였는데도 앞으로 점토층이 더 많이 있을 것으로 예상되며 본 기자가 취재하고 있는 지금도 초퍼, 프로젝타일 블레이드, 카본을 포함한 카본층이 새로 나오고 있으며 지금까지 도합 160여 점의 구석기시대의 유물로 추측되는 석기다.

이번 발굴에는 지난 18일 발굴위원장인 본 대학교 조의설 부총장도 다녀갔으며 공주 교육대학을 비롯한 인근 각급학교에서 견학을 와 발굴에 다소 지장을 주고 있는 형편이며 천막 등을 빌려주어 도움도 받고 있다.

한편 이번 발굴대의 대장으로 총지휘를 담당하고 있는 사학과의 손보기 교수는 현재까지 우리나라의 석기시대 유물은 모두 신석기시대의 유물로서 토기가 섞여 나왔으나 이번 발굴에는 토기는 일체 찾아볼 수가 없고 오직 석기만이 출토 되고 석기를 만든 수법으로 미루어 보아 대략 구석기 말기 (2만 년~3만 년) 내지 그 이상으로 추정되나 확실한 연대는 카본테스트로 측정할 수 있다고 말하고 있는데 따라서 종래의 일본 학자와 지금까지의 국내 학자들이 주장해 온 '우리나라의 상고사에 있어 신석기시대 이외에는 구석기시대가 존재하지 않는다는 학설'은 완전히 전복될 가능성이 농후해졌다.

그런데 이번 발굴 기간은 지난 12일부터 오는 25일까지 2주일간을 예정으로 발굴을 착수했으나 의외로 굳은 점토층과 예상하지 않았던 새로운 층이 속속 나타남으로 앞으로 2주일은 더 발굴해야 소기의 목적을 이룰 수 있다고 하는데 경비 관계로 오는 25일 이후에는 발굴이 중단될 형편이므로 학교 당국의 시급한 보조가 요청되고 있다.

부록 2-04. 《조선일보》 1964년 11월 24일

밝혀지는 韓國의 舊石器時代
===== 延世大發掘隊의 公州發掘中間報告

○ … 延世大大學院 發掘隊(孫寶基 교수 외 7명)는 忠南公州郡 長岐面壯岩里에서 舊石器시대의 石器 2백여 점과 木炭 등을 파냄으로써 1만년 또는 그 이상을 거슬러 올라간 韓半島 옛住民들의 遺蹟을 처음으로 찾아냈다. 이 考古學的 발견으로써 역사책은 반만년 내지 수만년을 더 소급해 올라간 시대부터 다시 記錄되어야 하게 되었다.… ○

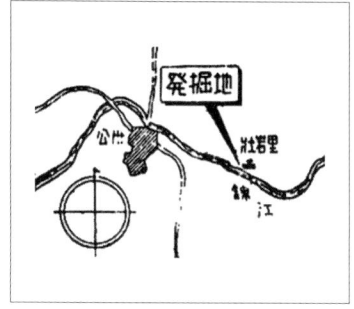

◇ 이번 발굴된 舊石器時代의 打製握斧와 石刀들 (〈볼·펜〉과 크기를 비교했다)

打製石器 등 2百餘點 파내
無土器時代以前의 것 … 1萬年前의 住居址
韓半島의 人間史 半萬年以上遡及

發掘현지는 公州에서 錦江을 따라 6'킬로'쯤 上流로 올라간 江畔 斷崖面이다. 유물 포함 지층은 폭 약 20'미터', 높이 5'미터' 가량인데 12일부터 시작된 작업은 지금까지 5'미터' 폭을 地下 6'미터'까지 파내려 갔다. 이곳을 舊石器시대의 遺蹟地로 보기 시작한 것은 지난 5월 孫교수가 美國人考古學者 '무어' 교수와 함께 갔던 길에 몇 개의 石器破片을 줍고부터였다.

그동안 파내어진 것은 打製石器 수십 점과 石屑(人工으로 깨뜨린 돌조각들) 백여 점, 그리고 木炭이다. 발굴 石器 중에는 舊石器시대의 특색을 지닌 剝片石器(Flake=石刀Blade 削器Scraper 등) 石核石器(Core tool=握斧Handax 등) '쵸퍼'(Chopper)石器 등이 있다. 舊石器시대의 석기는 제작법에 따라 크게 이 세 가지로 나누어진다. 石核石器는 돌덩어리의 가장자리를 깎아버리고 그 알맹이로 만든 石器다. 打擊用이다.

握斧는 舊石器시대에 만들어진 石核石器다. 이번 발굴에서는 주먹만한 握斧 3점이 나왔다. 剝片石器는 반대로 돌을 깨뜨려서 떨어진 부분으로 만든 石器다. '쵸퍼'石器는 한쪽만 날을 세운 작두 비슷한 石器다. 칼처럼 그 예리한 날을 쓴다.

石器시대는 舊石器末에서부터 하나의 과도기로서 中石器(細石器)시대로 내려오고, 다시 뒤를 이어 無土器(프리·세라믹)시대로 내려온다. 新石器시대에는 土器가 나오는 것이 특징인데 그 이전 土器가 안 나오는 작은 과도기를 無土器시대라고 부른다.

《이번 발굴에서 土器가 전혀 없는 것은 먼저 이 유적이 적어도 無土器시대 이전의 것이라는 사실을 뒷받침한다.

그것은 현재까지 알려진 우리나라 유적, 유물 중 最古의 것이 분명하며 이에 따라 韓半島에서의 人類生存역사는 적어도 4~5천년이 더하여 약1만년 전까지 거슬러 올라간다고 할 수 있게 되었다.

延世大 發掘隊 '客員'으로 출장한 金元龍(서울大文理大) 교수의 말이다. 22일 現地에 온 延世大 李宇柱 大學院長은 《유물의 石質 자체나 모양이 舊石器시대의 것에 틀림없다》고 했다.

舊石器시대는 地質學的으로 洪積世에 속한다.

公州 現地에 내려왔던 國立地質硏究所 嚴相鎬 地質課長은 肉眼으로는 구별하기 어렵지만 海岸 또는 河岸段丘가 발달한 곳은 대체로 沖積層下 10'미터' 이하는 洪積層인 경우가 많다고 말했다. 그리고 이번 舊石器들이 파내진 곳은 段丘발달은 없지만 山밑 沖積層 基點에서 따지면 10'미터'의 地表下가 된다.

지금까지 韓半島에서 발견된 舊石器시대의 유물이라고 하는 것은 해방전 日本人 '나오라'(直良信夫) 교수가 豆滿江 沿岸인 咸北 潼關鎭에서 발견했다는 骨角器와 石屑 2~3개가 있을 뿐이었다. 그러나 그것은 남의 주운 것을 얻은 것이었고 확실한 발굴이나 地質學的인 뒷받침도 없었다.

한편 北韓에서는 63년 咸北 雄基 西浦項洞에서 舊石器시대의 유적이 나왔다는 外誌 소식(目次確認)이 있었다고 한다. 日本에서도 2次戰 후에야 舊石器시대의 유적·유물이 각지에서 발견되어 그때마다 큰 話題가 되었다.

이번 발굴에서 확인된 구석기를 쓴 사람들은 현재까지 알려진 이 땅에서 산 가장 오랜 옛날의 사람들이었다. 그리고 지금까지 新石器시대부터 시작된 것으로 알려진 우리의 人間史는 일약 舊石器시대까지 소급되게 된 것이다.【公州에서 本社特派員裵基永·成洛權 公州總局長發】

부록 2-05. 《연세춘추》 1964년 12월 7일

구석기시대 유물발굴의 成果와 問題點
土器以前文化의 發掘과 우리의 課題

손 보 기

지은이

◇ … 모든 歷史書에 신석기시대 이후부터 存在한 것으로 되어 있는 우리 民族의 上古史는 이제 1만년 내지 3만년 이상을 소급한 구석기시대부터 시작된 것으로 수정되지 않을 수 없는 단계에 이르렀다. 지난 11월 12일부터 30일까지 18일간 충남 공주군 장기면 장암리 일대에서 구석기시대 유물 200여 점을 발굴하여 개가를 올린 본 대학교 고적발굴대 대장 손보기 교수는 구석기시대 유물발굴의 성과와 문제점을 다음과 같이 말한다. …〈편집자 주〉… ◇

한반도 歷史는 土器以前부터
旣存學說 고쳐야
남은 課題는 文化傳播經路 糾明

발굴까지의 經由

무엇보다도 먼저 이번 발굴이 이루어지기까지의 경유를 말해둘 필요가 있다고 생각한다. 필자가 모교에 부임하고 며칠이 안 된 때였다. 내 연구실에 한태동 박사가 찾아오셨다. 우리 대학으로서 窯址發掘의 계획을 추진시켜보자는 제안을 하시고 가셨다.

약 한 달이 지난 어느 날 내가 대학원 강의를 하려 교실에 들어갔을 때다. 내 강의를 듣는 분들(즉 이번 발굴대원)이 발굴계획에 관한 이야기를 하고 있었다. 마치 우리 대학에 Visiting Scholar로 와 있던 Wisconsin 대학원의 연구원 Mohr와 Sample 양씨에게 발굴에 대한 기술상의 원조를 얻기로 한 일이 있었다.

그 후 우리 대학에 博物館運營委員會가 열렸고 거기서 필자가 위원장으로 피선되었다. 先史時

代에 劃期的인 연구가 필요하고 또 가능하다는 전제하에서 우리 대학교 박물관에서는 Mohr와 Sample이 발굴해놓은 영도 패총의 출토물을 모체로 하여서 선사시대의 유물을 중심으로 하는 展示를 하기로 內定하였다. 조의설 부총장님의 적극적인 협조 아래 박물관 진열장을 짜기로 하였다. 5월 24일(일)의 考古學 발굴 강의는 실지 답사의 단계로 옮겨졌다.

永宗島 일대를 답사하고 발굴지 선택을 논의하기에 이르렀다. 다음날 5월 25일에 Mohr와 Sample은 약 2년 전부터 답사하던 錦江流域에서 박편 數點과 석핵을 얻어 가지고 와서 발굴지로 선택하자고 하였다. 이것의 확인을 위하여 Mohr와 申聖旭 군과 필자는 현지로 떠났다. 동지점은 홍수가 지나간 다음 地層이 다소 무너지고 그 무너진 지층에서 수점의 Flake Rufuse와 한 개의 完形 Blade(約 20cm)를 발견하였다. Mohr와 필자는 환희에 넘쳐서 歸京하였다.

문화재위원회에 대학원 사학과와 박물관운영위원회의 名義로 發掘申請을 하게 되었다. 그 후 많은 노력을 기울여 허가를 얻기에 성공하였다.

우리 土器以前文化(preceramic) 문화에 착안한 것은 Mohr와 Sample 부처이었고 또 그들의 이러한 공적은 우리의 고고학사 상에 길이 빛나야 할 것으로 이 두 분에게 필자로서는 이번 발굴대원을 대표하여 감사를 드리는 바이다.

發掘의 意義

이번 발굴은 우리 先史時代 연구에 새로운 基點을 만들어주었을 뿐만 아니라 우리의 종래의 역사가 훨씬 거슬러 올라가 土器以前文化가 우리 반도에 있었다는 것을 증명해 준 것이다. 뿐만 아니라 植民地史觀에 마비되어 諦念하고 있던 우리의 先史編年은 확실히 달라지게 되었다. 나아가서 이번 발굴은 新石器 以前文化와 우리 문화와의 絶緣性을 뿌리 깊이 심어 놓았던 일제의 考古학자들의 학설을 여지없이 무너뜨리고 우리 선사학의 새로운 계기와 새로운 연구의 방향을 열어주었다는 것을 긍정할 수 있는 것이다.

이제 우리나라 어느 곳에서 맘모스나 또는 이를테면 Anthropus Koreanus?가 나오지 않는다고 누가 장담할 수 있겠는가? 우리는 이제 더 시야를 넓히고 새로운 방향의 연구에 착안하여야 한다는 것을 새삼스러이 느끼게 한다.

이번 발굴에서 밝혀진 것은 數箇의 自然地層 사이에 적어도 4~6 문화층이 있었음을 밝혀낸 것이다. 土器以前文化層에서도 뚜렷이 구분되는 文化層이 3~4개가 있는 것으로 추정된다. 그 사이에 있는 遺物層들의 絶對年代는 우리가 풍부히 채집한 몇 箇의 Carbon층과 또 기타에 의하여 밝혀지고 또 문화층 사이의 연대의 차이도 밝혀지겠지만 그 사용한 석재가 각 층마다 다를 뿐만 아니라 기술면에 있어서도 밑으로 내려갈수록 未熟하고 粗雜하여지는 경향을 볼 때 이번 발굴은 참으로 理想的인 발굴이었다 하겠다.

그 밖에 地質學的으로도 우리나라의 이러한 방면의 연구가 없는 까닭에 앞으로의 이러한 연구에 한 개의 자극이 된것도 사실이다. (우리 發掘團의 초청으로 현지에 이른 地質調査所 地質課長 嚴相鎬氏는 '충적층은 岩盤下에서 10m 미만인 것이 보통으로 그 이하는 洪積層으로 인정하여도 무방하다'는 견해를 표명한 바 있어 우리의 第三遺物層以下는 洪積世의 것이리라는 추측도 내려지지만 절대년대는 역시 Carbon dating에 의하는 것이 가장 정확하다고 하겠다)

古生物學界에 새로운 자료를 제공하게 되었다. 採土된 각 지층 土壤에서 pollen을 檢査하면 각 지층의 植物分布와 植物相의 比較年代를 찾아낼 수 있는 새로운 과제를 주게 되었다.

앞으로의 課題

이번 발굴이 가지는 여러 가지의 의의는 간단히 위에 들었거니와 앞으로의 과제는 벅차고 힘든 것이 있다. 발굴도 끝난 것이 아니지만 이제 문제는 새로이 제기된 것이다. 이 획기적인 발굴이 제기한 문제는 우리의 해결을 기다리고 있다.

연세대의 발굴이 참다운 의의를 가지기에는 앞으로 많은 難題가 남아 있는 것이다.

이번 발굴이 참다웁게 의의를 가지게 되기에는 다음의 과제를 해결하여야 하는 것이다.

1. 發掘과 硏究의 擴大
a) 이번에 第三石層以下의 발굴을 保留한 小地域을 계속 발굴할 것.
b) 그 隣接 地域의 調査
c) 다른 相關된 지점의 발굴을 더하여 相互 關聯의 연구를 가능하게 하여야 한다.
2. 報告書 作成을 위한 準備
a) 遺物의 整理, 硏究, 報告書의 印刷出版에 이르기까지의 人的 財政的 뒷받침이 필요하다.
b) 특히 炭素의 同位元素放射能 측정에 의한 Carbon Dating을 시급히 해야 한다.
c) 지층 연구를 도우게 하기 위하여 몇 지점의 발굴 또는 보오링 등이 필요하다.
3. 가장 큰 課題의 하나는

이 土器以前의 先史文化가 우리 사회에 傳播된 經路를 밝히는 것이다. 따라서 더 광범위한 지역의 답사 및 發掘을 통해서 이 石壯里文化의 上限·下限과 서로 연결되는 경로와 어떻게 이 문화가 傳承되어 갔느냐 하는 문제의 解決을 위하여 연구비와 努力이 傾注되어야 할 것이다.

日人의 植民地史觀에 의한 先史編年은 근본적으로 재검토되어야 하는 바 이것이 Carbon Dating 뿐만 아니라 그 밖의 여러 가지 방법으로 이루어질 수 있는 원칙을 찾아내는 것도 급한 과제의 하나이다.

일인들의 古墳期의 편년에도 적지 않은 문제가 있는 것이다. 따라서 우리의 고대사에 놓여 있는 많은 공간을 어떻게 채워 넣어야 할 것인가도 우리의 研究課題가 되는 것이다.

상세한 것은 보고서에 미루겠지만 이 글을 끝맺기 전에 나는 거듭 여러분께 감사를 드리고 싶다. Mohr, Sample 부처, 박대선 총장, 이우주 박사, 한태동 박사, 홍이섭 학장, 민영규 교수, 김윤석 총무처장 등을 비롯하여 발굴 신청서 기타에 수고를 아끼시지 않았던 장지남·이소종 양씨 그리고 발굴에 있어서 정신적으로나 육체적으로 노고를 아끼시지 않았던 문화재 위원 김원용 박사 및 발굴시에 천막 등을 빌려주고 발굴 현장까지 견학 와서 유형무형의 원조를 아끼지 않았던 공주교육대학 학생들과 끝까지 본 발굴상황을 상세히 교내외에 보도하여 주신 연세춘추사에 감사를 드리며 끝까지 본인과 함께 행동을 같이한 우리 대학원 발굴대원 일동에 심심한 감사를 드리며 이 글을 맺는다.

(문과대학 교수)

부록 2-06. 《연세춘추》 1965년 5월 17일

연세대 석기시대 유물 발굴대
구석기시대 유물 1000여 점 발굴
충남 공주군 장암리 일대서 대석과 고대 식물 조직 등
1개월간 대원들의 헌신적 노력 결과 4월 5일부터 5월 3일까지

* … 지난 4월 5일부터 약 한달간의 예정으로 충남 공주군 장기면 장암리 일대를 발굴하기 위하여 금강 유역으로 출발했던 박물관 주관의 본 대학교 석기시대 유물 발굴대가 구석기시대의 유물인 석기 700여 점을 발굴 채집하는 등 제2차 발굴에 있어 소기의 성과를 거두고 지난 3일 귀교하였다. … *

당초에 본 발굴대는 작년 11월 제1차 발굴시에 후기구석기시대의 유물로 간주되는 석기 500여 점을 발굴하여 우리나라 상고사에 있어 구석기시대 문화가 존재하지 않았다는 종래의 학설을 완전히 전복시킨 바 있는데 이번에 우기가 시작되면 홍수에 유실될 우려가 있어 조속히 발굴하려 1차 발굴지역의 확대 발굴과 장암리 88번지를 제2발굴지역으로 선정하여 출발했었다.

제1발굴지역의 확대 발굴

이번 발굴대는 먼저 제1발굴지역을 작년 11월 1차 발굴시보다 4배나 확대 평균 5.2m의 깊이로 가로 5m, 세로 5m의 지역을 4군데(지도에 나타난 A3, -A, -B, -C)나 발굴했으며 제2발굴지역도 두 군데(지도의 ㄱ, ㄴ지역)나 같은 넓이고 발굴하였다. 지금까지 발굴지역의 넓이는 170㎡이나 된다고 한다.

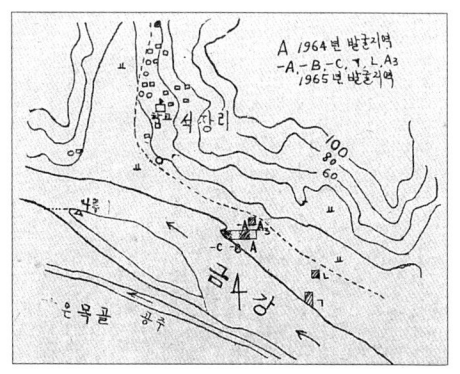

제1발굴지역의 추가 발굴지역에선 1차 발굴시엔 1층밖엔 볼 수 없던 목탄층을 또 1층 나와 모두 2층의 목탄층을 발굴하였다.

제2발굴지역 폐기

제1발굴지역의 확대 발굴과 더불어 작년 1차 발굴시에 제1발굴지역으로부터 100m 동쪽으로 떨어진 지점에서 토기를 발견 제2발굴지역으로 선정된 곳을 이번 2차 발굴시 발굴하였으나 나중에 지주 김창순 씨가 제방을 쌓느라고 다른 데서 흙을 실어다가 표토를 덮은 것이 드러나 다만 지층을 조사하는 데만 그치고 곧 발굴 대상에서 제외하였다 한다.

그러나 이 지역의 선정은 표토하 4m 지점에서 석층과 관계없이 반암 석기와 석영 석기를 발견하여 착수하였다 한다. 이곳은 표토하 8m 지점까지 발굴하였으나 지층 구성이 A지구와 전혀 다르고 석층이 하나도 없어 지층 연구에 새로운 지식을 얻게 되었다 한다.

채집된 유물

석기 700여 점을 비롯하여 다수의 토양을 채집한 이번 발굴대의 채집 유물은 1차 발굴시에 볼 수 없었던 대석(Anvil, 臺石)과 고대 식물 조직을 포함한 점토를 비롯하여 반암(班岩), 규장암(珪長岩), 규질각암(珪質角岩), 분암(扮岩) 등으로 만들어진 Hand Axe(돌도끼), Blade(石刃), Chopper(돌작도), 작년에 없던 Blade core(石核), Hammer stone(돌망치), Pestle(돌마치), Scraper, Core stone(석핵) 등의 석기 150여 점과 석기를 만들다 떨어진 Flake(박편) 550여 점과 카본 데이팅을 위한 목탄 50점, 화분 검사를 위한 토양 150점, 그 외 특수 토양 20점 등 구석기시대를 연구하는 데 결정적인 자료를 채집하였다 한다.

이번 석기의 특질

1차 발굴시의 채집된 석기는 수가 적고 사용한 흔적이 많았으나 이번 2차 발굴에서 채집한 석기는 쓴 흔적이 적고 수가 많을 뿐만 아니라 집중되어 퇴적되어 있으므로 이번 발굴지역의 특징은 옛날 구석기시대의 석기 제조장(Workshop)(당시의 제조장이란 주거지가 따로 있었을 것을 전제로 하는 말이며 구석기인이 그곳에서 만들었다는 뜻에서 쓰여진 말이다)이 아니었던가 추측하고 있다.

발굴대원 명단

한편 이번 발굴에는 손보기 박물관장을 포함한 연인원 30명이 동원되었으며 대원들이 모두 일심동체가 되어 열심히 일한 덕분으로 작년에 비해 6배나 되는 작업량을 해치울 수 있었다 하는데 이번 발굴대원의 명단은 다음과 같다.

대장: 손보기 (문과대학교수, 박물관장)
대원: 정명호 (박물관 연구원 동문)
　　　우병희 (해사교관 동문)
　　　신성욱 (대학원 박사과정)
　　　이융조 (대학원생)
　　　이풍로(사4)　　윤여형(사4)
　　　최균영(사4)　　최명세(사4)
　　　강준용(사3)　　홍장춘(사3)
　　　조정장(사3)　　이한승(사3)
　　　장기선(사3)　　조성주(사3)
　　　한동수(사3)　　윤숙기(사3)
　　　민마나(사3)　　이신자(사3)
　　　장인순(사3)　　최복규(사2)
　　　박양기(사2)

그 외 객원으로 경북대학교의 윤용진 교수를 비롯하여 김대현, 박성군 제씨가 참여하였다 한다.

발굴의 성과

지난 1차 발굴시에 채취된 석기보다 형태가 더 조잡하고 전형적인 구석기 모양이므로 우리나라에도 구석기시대가 존재하였다는 것은 완전히 입증되었다. 석기의 형태로 미루어 대개 후기 구석기시대의 유물로 추정되고 후기 구석기 중에서도 좀 더 오래된 것으로 간주되고 있어 우리나라 상고사에 완전히 구석기시대를 새로 설정하게 되었다. 역사학계에서는 해방 이후에 있어 우리나라 역사계의 최대의 공헌이라고 말하고 외국학계에서도 이번 본 대학교의 발굴 결과를 주목하고 있어 이번 발굴의 성과는 해방 이후 여태까지의 어떤 발굴보다도 그 가치가 높게 평가되고 있다.

앞으로의 문제점

이번 2차 발굴로서도 본 발굴지역은 아직 초반에 들어간 형편이며 앞으로 연차계획을 세워 한 10년간 더 발굴해야 하며 작업량이 넓은 데 반하여 인원이 부족하여 일손이 딸리고 이번 발굴에서 찍은 기록사진만도 5, 6만원의 비용이 드나 아직 예산이 서 있지 않아 현상도 못하고 있는 형편이며 발굴한 지점이 바로 금강과 접한 강뚝이라 보호조치가 필요한데 그런 것은 국가적인 뒷받침이 있는 데에서만 실현될 수 있다 하는데 박물관 독력으로 도저히 할 수 없는 대규모의 인력과 예산이 든다고 손보기 박물관장은 말하고 있다.

참고사항
○ 2지구의 구덩 번호는 다음과 같이 각각 정리되었음.

- A ⇨ 1구덩
- -A ⇨ 2구덩
- -B ⇨ 3구덩
- -C ⇨ 4구덩
- A_3 ⇨ 5구덩

Old Stone Age Remains Excavated
Clue to Paleolithic Age in Korea Found

By Miss KAP-SON YIM

The recent excavation of the paleolithic remains in Chungchong-do raised a question if the ancestors of the Korean people had already live here for more than 10 thousand years, instead of having immigrated here from the Asiatic continent four thousand years ago as history relates.

The existence of the paleolithic age on this peninsula has so far been denied. But as the result of the discovery of old stone age tools, the theory about the origin of the Korean race may have to be changed.

The new theory was offered by Dr. Pow-key Sohn of Yonsei University, who has conducted a series of excavations with his students in the area around Kongju, Chungchong Namdo, since May, 1964.

For more accurate knowledges about the origin of the old stone age on the peninsula, further scientific research is necessary, says Dr. Sohn.

"But judging from the shape of the excavated tools and the fact that there were no earthen wares among the discovered objects, it is conclusively certain that they belong to the paleolithic age," he explains.

Most of the remains that the Dr. Sohn's excavating team unearthened were burried near the Kum River. More than one thousand items were discovered. About 200 out of them were excellent examples dating from the paleolithic ages, says Dr. Sohn.

Included in the collection were hand-axes, choppers and cleavers made of such stones as quartz and felsite. All the tools were made by beating them against other stones. But the neolithic tools were made by grinding and polishing against other tones.

Dr. Sohn says the newly-discovered tools must be proved to be authentic, based on the studies of palaentology and geology. At present, help from these fields of study is limited. But radioactive Carbon 14 was discovered beside the tools and this Carbon 14 will be examined to determine the origins of the tools.

Dr. Sohn sent about 100 grams of Carbon 14 to University of California so that an examination called "radiocarbon dating" can be conducted.

The result of the examination, which will arrive here soon, will produce information relative to the paleolithic age on this peninsula such as when the paleolithic age began, Dr. Sohn says.

Before Dr. Sohn's excavation work, the remains of the old stone ages often found. In 1933, in Unggi of north Korea several stone implements, which seemed to belong to the paleolithic age, were discovered by Japanese scholars. But further study on these tools did not develop.

The major reason for repudiating the existence of the paleolithic age on the Korean peninsula by the Japanese scholars, Dr. Sohn points out, is that they dismissed their theory of paleolithic age purposely.

According to the presently accepted theory on the prehistory of Korea, the ancestors of the Korean people spent the paleolithic age in Siberia and Manchuria and in the neolithic age they began to move southward to peninsula.

In China and Japan, the existence of the paleolithic ages was long recognized. Outstanding Chinese and Japanese paleolithic cultures are called "Ting Tsun Culture," which existed beside the Yellow River and "Sojudai Culture," which existed in the north of Kyushu Island.

When the results of the examination of the University of California become available, the relations between the above two paleolithic cultures and the one in the Korean peninsula will be studied and compared.

If men lived in the Korean peninsula in the stone age, they could have migrated to the Japanese islands. The Japanese historians, who tried to establish their colonial historic views, did not like to think that the paleolithic age existed in Korea, Dr. Sohn claims.

Korea Herald Photo

TOOLS — These are tools believed to belong to the paleolithic age excavated recently in Kongju, Chungchong Namdo. These tools made by beating against other stones are all hand-axes except the smaller sharp thing at bottom, which is a perforator. Shown in the middle of these stone tools is a 10cm ruler.

부록 2-08.《로동신문》1966년 5월 11일

우리 나라 구석기 시대 연구를 위하여
최근 남조선에서도 구석기 시대 유물이 발견되였다고 한다
남북의 유적과 유물에 대한 연구 성과를 호상 교류할 것을 제기한다

원사, 교수, 고고학 박사 도 유 호

우리 나라 력사와 문화의 기원을 밝히는 것은 우리에게 매우 중요한 문제다.

우리 나라에 언제부터 사람이 살기 시작하였는가에 대하여는 아직 채 밝혀지지 않았으나 적어도 약 10만 년전부터 사람이 살아왔다는 것은 의심할 바 없다.

그것은 '굴포 문화'(함북도 웅기군 굴포리 서포항)의 발견으로써 설명할 수 있다.

1962년 가을에 신석기 시대 및 청동기 시대 조개무지 유적을 발굴하다가 그곳에 구석기 시대의 유적이 있는 사실을 알게 된 우리는 1963년 여름과 1964년 여름에 발굴을 계속하였다. 그 곳에 구석기 시대 문화층은 밑층과 위층의 2개 층으로 나뉘는데 밑층은 어느 모로 보나 구석기 전기에 속하는 것이다. 대략 구라파의 무스띠에 문화(무스때리앙)와 같은 시기의 것이라고 추정되지만 무스띠에 문화와는 상당히 다르다. 이 밑층에서는 석기뿐만 아니라 당시 사람들이 막을 치고 살던 자리와 그들이 석기를 만들 때 쓰던 모루도 나왔다.

석기를 만들 때 떨어져 나간 돌쪼각도 무수히 나왔다.

웃층도 구석기 시대 전기에 속하는지는 확연치 않으나 그럴 가능성이 높았다. 그러므로 우리는 그것도 잠정적으로 전기의 것으로 보고 1기(밑층), 2기(웃층)로 나누어 굴포 문화 1기, 굴포 문화 2기라고 부르기로 하였다. 그 후의 연구 성과는 2기(웃층)가 구석기 시대 후기에 속할 가능성이 많다는 것을 말하여 준다.

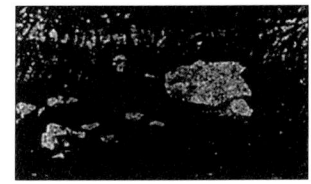

모루(제일 큰 바위)와 시설물의 일부(굴포 문화 1기의 막 쳤던 자리)

1964년 여름에 우리는 굴포리 서포항 유적에서 서북쪽으로 약 5키로 메터 떨어진 부포리 덕산에서 구석기 유적 하나를 더 발견하였다. 거기서는 서포항 2기층의 유물과 같은 것을 보았다.

최근 상원군 읍 소재지 부근에서는 지질학 제4기의 동물 화석이 적지 않게 나타났다. 그곳은 본

래 동굴 자리로서 짐승뼈는 당시 동굴에서 살던 사람이 잡아먹고 남긴 것으로 짐작된다. 화석은 모두 석회암 속에 끼인 것이다. 이런 점으로 미루어 보아 그것이 굴포 문화(1기)보다 훨씬 더 이전의 구석기 시대 유적일 수 있으며 또 그럴 가능성이 많이 보인다. 여하간 우리 강토에는 구석기 시대의 아득한 옛날부터 사람이 살아왔음이 틀림없다.

구석기에 관한 소식은 남녘땅에서도 들려온다. 1964년에 우리는 그런 소식을 들었었는데 최근에 또 그런 소식을 들었다. 유적은 충청남도 공주군 금강 상류에서 알려졌다고 하며 서울 연세대학교의 모 교수가 연구한다고 한다.

아직 자세한 발굴 보고가 나오지 않아서 구체적인 것을 잘 알 도리가 없으나 남조선에서 구석기 시대의 유물이 발견된다는 사실은 매우 기쁜 일이라 아니할 수 없다.

더욱이 고고학을 연구하는 사람으로서 우리는 공주의 구석기를 좀 더 구체적으로 보고 싶은 생각이 북받쳐 오름을 금할 수 없다. 그러나 조국이 남북으로 갈라져 있는 형편에서 그렇게 할 수 없다.

이것은 실로 가슴 아픈 일이다.

짐작컨대 연세대학의 그 교수 역시 우리가 발굴한 굴포 문화에 대한 소식을 들은 것 같다. 그것은 남조선의 한 신문이 '굴포 문화'에 대하여 그가 한 말을 소개한 사실을 보고도 알 수 있다.

그런데 이 글을 보게 되면 그 교수가 '굴포 문화'에 대한 우리의 연구 결과를 상세히 알지 못하고 있다는 것을 알 수 있다. 그것은 그가 '굴포 문화'의 발굴 현장과 유물들을 보지 못한 데서 온 것이라고 생각한다.

굴포리에서뿐만 아니라 두만강 류역을 위시하여 함경북도 일대에서는 신석기 시대층이나 청동기 시대층에서 흑요석이나 부시돌(수석)로 만든 구석기형의 석기가 이미 적지 않게 나왔다. 그 대부분은 형태상으로나 제작 수법상으로 구석기 시대 상단(후기)의 유물과 꼭 같은 것들이다. 흑요석 구석기가 나오는 쏘련 그루지아의 트리알레티, 그 밖의 유적의 구석기 시대 상단 유물 속에 우리의 흑요석기를 섞어놓는다면 좀처럼 도로 찾기가 어려울 것이다. 우리 나라 동북쪽의 신석기 시대 및 청동기 시대 유적에서는 오린냐크 문화(오리냐씨앙), 쏠뤼뜨레 문화(쏠뤼뜨레앙), 마들렌 문화(막달레늬앙)에 보이는 형태가 모두 나온다.

물론 우리가 맨 처음 주시한 대리석으로 만든 '밀개'(이는 우리 나라에서 맨 처음 알려진 구석기로서 2기에 속한다)는 형태상 그 지방의 다른 구석기형의 석기와는 다르다. 바로 그 점이 우리의 주의를 끌었던 것이다. 그러나 우리는 구석기형을 확인하기 위하여 거기를 다시 조사하였고 그 조사한 결과를 가지고 구석기가 틀림없다는 것을 확인한 후 비로소 그것을 세상에 발표하였다.

굴포 문화 1기가 10만 년 전으로 올라간다는 것도 발굴을 체계적으로 확장하고 일련의 연구를 거듭한 결과로 얻은 결론이다.

해방전에 두만강 류역 들판에서 털코끼리(마모드)의 화석이 나온 일이 있다. 그 후 나오라라는 일본 학자는 그 부근에서 나온 구석기형의 석기를 가지고 구석기 시대를 론한 바 있다.

그러나 그것이 잘못임은 어용학자 후지다도 이미 지적한 바다.

여하간 털코끼리의 화석이 나왔다고 해서 부근에서 나온 구석기형의 석기를 구석기 시대의 것이라고 판단한다면 그것은 큰 착오를 일으킬 수 있다.

몇 해 전에 화대 지방의 니탄층에서 털코끼리 유골이 나온 일이 있다. 그때 그 니탄층 맨밑에서 끄집어낸 돌덩이 중에는 구라파 쉘레앙(쉘문화) 초기의 '주먹도끼'에 매우 가까운 형태의 돌멩이가 한 개 들어 있었다.

그 돌멩이 하나를 가지고 수년 동안 연구한 결과 우리는 결국 그것이 가공품이 아니라는 결론을 내렸다. 그 돌은 지금도 우리의 수중에 있다. 구석기 비슷하나 석기가 아닌 돌은 우리에게 좀 더 있다.

여하간 우리는 남조선 학자들이 북반부의 고고학 형편을 상세히 알 수 있는 기회가 있게 되기를 바랄 뿐이다. 우리도 남반부의 사정을 상세히 알고 싶다.

남조선 사정을 잘 모르고 있는 형편에서 우리는 공주에서 나온 유물에 무어라고 말할 수 없다.

다만 여기에서 필자는 가슴에 맺히는 사실에 대하여 이야기하려 한다.

공주에서 나온 석기가 구석기형을 처음 알아낸 사람이 미국인 무어라고 한다.

미국 위스콘신 대학의 한 개 연구생에 지나지 않는 미국인 무어가 우리 나라 력사를 잘 알 리 없거니와 또 안다고 하면 얼마나 알겠는가. 또한 공주 유적에서 나온 석기와 일정하게 관계있는 숯의 년대 추정을 미국 캘리포니아 대학에 의뢰하였다고 하는데 과연 어떻게 해야만 하는가.

만일 남북의 고고학자들이 힘을 합친다면 이런 궁색한 노릇을 하지 않아도 될 수 있지 않은가.

국토를 갈라놓은 장벽이 허물어지고 나라의 통일이 이루어진다면 지금처럼 남북에서 학술적 가치가 있는 유적을 발굴하고도 그 내막을 서로 알지 못하는 일이 없을 것이다. 그렇다고 국토 통일이 이루어지기를 기다리고만 있을 수도 없다. 우리는 오늘의 조건하에서 남북 학자들의 노력을 합칠 수 있다고 생각한다.

나는 이와 관련하여 몇 가지 의견을 제기하려고 한다.

첫째로 남북한 고고학자들이 유적 발굴 보고와 연구 성과를 서로 교류하는 것이다. 이것은 현재의 조건하에서도 서신 거래와 같은 방법을 리용한다면 십분 가능하다.

둘째로 남북의 고고학자들이 래왕하는 문제이다. 서로 래왕한다면 남북의 유적과 유물을 직접 볼 수 있을 것이며 한자리에 모여 앉아 발굴 경험을 교환하며 학술 토론을 하는 등 방법으로 서로의 연구 성과를 교환할 수 있을 것이다.

더 나아가 남북의 학자들이 공동으로 유적 발굴과 연구 사업을 진행할 수도 있을 것이다. 이것은 우리의 노력을 합치는 매우 좋은 방도라고 말할 수 있다.

셋째는 연구 성과를 공동으로 출판할 수 있다고 본다.

남북 학자들의 발굴 보고와 기타의 학술 보고 및 론문을 담은 이러한 출판물은 정기적 혹은 비정기적으로 출판할 수 있다. 출판은 평양과 서울에서 번갈아 하는 방법을 취할 수 있을 것이다.

어쨌든 자기 나라 강토에서 발굴되거나 발견되는 유적과 유물을 두고 남북의 학자들이 그것을 모르고 지날 수 없다. 더욱이 고고학은 유적과 유물을 서로 확인하고 비교함으로써만 그 연구를 더 잘 완성할 수 있다.

이것은 우리의 간절한 심정이다.

나는 남조선 고고학자들도 이 문제를 학구적 립장에서 진지하게 생각하고 타개책을 강구할 것을 바라며 확신한다.

부록 2-09. 《동아일보》 1969년 7월 18일

공주 先史遺跡 三萬年 측정 (1면)
原子力硏究所 出土石器 放射線으로 밝혀

延世大 孫寶基박사가 발굴해온 忠南공주군장기面장암里의 先史時代유적이 原子力硏究所의 放射性炭素年代 측정 결과 三萬年의 역사를 가졌음이 十七日 밝혀져 出土된 石器들이 舊石器임이 확증되었다. 이로써 우리나라의 구석기文化 존재는 지금까지의 推定 대신 과학적인 근거를 갖게 되고, 과학적으로 인정되는 民族史의 上限이 三~四千年 전의 新石器文化에서 단번에 최소한 三萬年 전의 後期舊石器문화로 늘어나게 되었다.

孫寶基박사

韓國史는 後期 舊石器時代로 延長

이 같은 사실은 十七日 孫寶基박사가 그동안 이 유적에서 나온 숯을 이용, 放射性炭素年代測定을 실시해온 原子力硏究所의 梁慶麟연구관으로부터 그 年代가 三萬六百九十年(誤差는 플러스 마이너스 三千年)임을 공식으로 통고받음으로써 밝혀진 것이다. 六四年 이후 孫박사는 六차에 걸친 현지 발굴에서 주먹도끼 찌르개 밀개 등을 비롯한 一萬점의 石器와 十萬점의 격지(剝片)를 얻어 이를 정리분석한 끝에 石器의 모양이나 제작기술 등을 근거로 舊石器라고 推定하고 표면에서 깊이 十一m까지의 땅속에서 十三개의 文化層(最古 十여萬年)을 발견했으나 年代 결정에서 과학적인 뒷받침을 얻지 못하고 있었다.

梁연구관이 분석한 숯은 지난 四, 五月에 실시된 제六차 발굴 때 표면에서 三.五m 되는 땅속에서 나온 것으로 十三개 文化層 중 여섯 번째에 해당되는 부분의 것이다.

지금까지 우리나라에서는 解放전에 두만江 南岸에서 舊石器時代 유물로 보이는 破片 二점이 수집된 일이 있고 六三年 咸北 雄基 근방의 屈浦에서 舊石器의 발견이 보고되어 있다. 그러나 南韓에서는 孫박사의 발굴 이전에는 舊石器文化가 없었다는 것이 定說이 되어 왔었다. 〈관계기사 三面에〉

三萬年을 透視(3면)
先史遺物年代 측정한 科學的方法

○…孫寶基교수(연세대)가 발굴해온 공주 근방의 선사시대 유물이 원자력연구소 梁慶麟연구관의 방사성탄소 연대측정에 의해 三萬년 전의 구석기임이 밝혀졌다…○

숯을 벤젠化시킨 뒤 放射線으로 測定
우리나라 처음 … 半年實驗 끝에 成功

구석기는 갈아서 만든 신석기와는 달리 때려서 만든 훨씬 원시적인 석기다. 이 시대의 인류는 사냥과 채집으로 생활해왔고 구석기시대는 다시 전기 중기 후기로 나누어진다.

우리 민족의 역사를 三萬년으로 거슬러 올라가게 한 孫교수는 "국내 구석기문화 발견이 우리 손으로 이루어지고 그 확증까지 국내 과학자가 제공해준 것은 참으로 기쁜 일이다"고 말하면서 앞으로 이 유적에 대한 계속적인 발굴로 당시의 생활상을 밝히고 우리나라 선사시대의 역사편년(編年)에 주력하겠다는 계획을 밝히고 있다.

이 유적이 구석기라는 확증을 준 방사성탄소연대측정법은 四〇년대 후반에 미국의 화학자 '윌라드·리비'가 발명한 가장 과학적인 연대측정방법이다. 이 방

공주 근방에서 발굴된 선사시대의 석기유물들

법은 四, 五萬년 전까지의 식물이나 생물의 조각만으로도 정확한 연대를 알 수 있어 五〇년대 이후 고고학 연구 등에 크게 활용되어 왔고 '리비' 박사는 이 업적으로 六〇년에 '노벨' 화학상을 받았다.

孫교수는 六四년 이후 다행히 석기 틈에서 숯을 발견, 미국에 연대측정을 의뢰했으나 계속 실패

했었다. 원자력연구소의 梁慶麟연구관은 작년 말까지 이 장치를 완성, 반년의 예비실험을 거쳐 지난 六월 중순 孫박사로부터 숯이 섞인 흙을 받아 한 달의 연구계측 끝에 三萬년 전의 비밀을 파헤쳤다.

梁연구관은 숯을 태워 탄산가스를 만든 뒤 이를 최종적으로 벤젠이 되게 한 뒤 액체섬광계수기로 방사선을 재서 이 나이를 밝혔다. 그는 "三萬六百九十년이라는 수치가 결코 절대적인 것이 아니고 좀 더 오랬을 가능성이 없지 않다. 또 통계적인 계기 오차는 플러스 마이너스 三千년이다"고 말하고 있다.

부록 3

사진으로 보는 석장리 유적 발굴(1~10차 발굴)

3-01. 1차 발굴(1964년, 연세대학교 대학원 사학과, 박물관 운영위원회)
3-02. 2차 발굴(1965년, 연세대학교 박물관)
3-03. 3차 발굴(1966년, 연세대학교 박물관)
3-04. 4차 발굴(1967년, 연세대학교 박물관)
3-05. 5차 발굴(1968년, 연세대학교 박물관)
3-06. 6차 발굴(1969년, 연세대학교 박물관)
3-07. 7차 발굴(1970년, 연세대학교 박물관)
3-08. 8차 발굴(1971년, 연세대학교 박물관)
3-09. 9차 발굴(1972년, 연세대학교 박물관)
3-10. 10차 발굴(1974년, 연세대학교 박물관)

【출처】《석장리 선사유적》(손보기, 1993. 동아출판사),《사진으로 보는 석장리 선사유적 발굴》(석장리박물관, 2008.),《파른 손보기(1922~2010)》(석장리 구석기연구회 엮음, 2022. 석장리 구석기연구회).

부록 3-01. 1차 발굴(1964년, 연세대학교 대학원 사학과, 박물관 운영위원회)

〈사진 1-1〉 강 건너에서 바라본 발굴 현장(2지구)

〈사진 1-2〉 북쪽 산기슭에서 내려본 발굴 현장(2지구)

〈사진 1-3〉 발굴 지점 평판측량(2지구)

〈사진 1-4〉 첫 삽을 뜨다(2지구 1구덩, 1964년 11월 13일, 오전 10시 59분)

〈사진 1-5〉 유물 출토 상황 기록(2지구 1구덩)

〈사진 1-6〉 발굴된 흙을 잘게 부수며 유물을 찾는 모습(2지구 1구덩)

〈사진 1-7〉 기념사진(손보기, 조의설 연세대 부총장, 김원룡 문화재위원, 김영배 공주박물관장, 노호준, 신성욱, 이융조, 김상헌, 정명호, 우병희)

〈사진 1-8〉 발굴 모습(2지구)

〈사진 1-9〉 발굴 현장 설명(손보기, 한태동, 이우주 연세대 대학원장, 장지남)

〈사진 1-10〉 발굴 모습(2지구 1구덩)

〈사진 1-11〉 중요 유물 표시(2지구 1구덩)

〈사진 1-12〉 단면도 작성(2지구 1구덩)

〈사진 1-13〉 2지구 상류 지점의 지표 조사

〈사진 1-14〉 발굴 기념 표지석과 안내판(2지구)

〈사진 1-15〉 발굴을 마치고 유적 주변에 철망을 두른 모습(2지구 1구덩)

〈사진 1-16〉 금강 건너 주막집 앞으로 짐을 옮긴 다음, 운송 차량을 기다리는 모습

〈사진 1-17〉 공주보건소의 차량 지원을 받아 주요 유물과 토양·목탄 시료를 싣는 모습

부록 3-02. 2차 발굴(1965년, 연세대학교 박물관)

〈사진 2-1〉 발굴 전의 모습과 평판측량(오른쪽에 2지구 1구덩이 보임)

〈사진 2-2〉 발굴 모습(2지구 3구덩)

〈사진 2-3〉 2지구 2, 3구덩의 북벽 단면과 발굴 모습

〈사진 2-4〉 발굴 모습(2지구 2, 3, 4구덩)

〈사진 2-5〉 석층 발굴 모습(2지구 3구덩)

〈사진 2-6〉 석층 발굴 모습(2지구 2구덩)

〈사진 2-7〉 2지구 5구덩(A3) 자리잡기

〈사진 2-8〉 2지구 5구덩의 동벽 단면

〈사진 2-9〉 주먹도끼 출토 모습(2지구 2구덩)

〈사진 2-10〉 유물 출토 모습(2지구 1구덩)

〈사진 2-11〉 1지구의 강가 겉흙 조사

〈사진 2-12〉 1지구의 강가 겉흙에서 발견된 주먹도끼

〈사진 2-13〉 1지구와 2지구의 중간 구역에서 등고선 평판측량

〈사진 2-14〉 야외 점심 식사

〈사진 2-15〉 유적을 방문한 금벽초등학교 학생들

〈사진 2-16〉 연세대 사학과 3, 4학년 학생들의 발굴 현장 방문

〈사진 2-17〉 발굴 현장을 방문한 백낙준 연세대 명예총장, 박대선 총장 일행

〈사진 2-18〉 발굴 현장을 방문한 백낙준 연세대 명예총장, 박대선 총장 일행

부록 3-03. 3차 발굴(1966년, 연세대학교 박물관)

〈사진 3-1〉 발굴 전의 모습(2지구 1, 2, 3구덩)

〈사진 3-2〉 발굴 전의 모습(2지구 3, 4구덩)

〈사진 3-3〉 발굴 모습(2지구 2구덩)

〈사진 3-4〉 출토 유물 사진 촬영(2지구)

〈사진 3-5〉 출토 유물 사진 촬영(2지구)

〈사진 3-6〉 유물 출토 모습(2지구 1구덩, 유물마다 발굴번호가 매겨져 있음)

〈사진 3-7〉 2지구 6구덩(-A3) 자리잡기

〈사진 3-8〉 단면 사진 찍기(2지구 6구덩)

〈사진 3-9〉 발굴 모습(2지구 7구덩)

〈사진 3-10〉 발굴 유물을 등록하는 모습(2지구 7구덩)

〈사진 3-11〉 휴식 시간에 틈을 내서 기념 촬영(오른쪽에 2지구 6구덩이 있음)

〈사진 3-12〉 방문객에게 유적을 설명하는 손보기 발굴단장

〈사진 3-13〉 유적을 방문한 백낙준 연세대 명예총장, 민영규, 고성환 연세대 사학과 교수 일행

〈사진 3-14〉 유적을 방문한 백낙준 연세대 명예총장, 민영규, 고성환 연세대 사학과 교수 일행

〈사진 3-15〉 유적 방문객을 고무보트(해병대 지원품)에 실어 보내는 모습

〈사진 3-16〉 발굴 현장의 군용 천막(해병대 지원품)

〈사진 3-17〉 유적을 방문한 석장리 꼬마 아가씨들

〈사진 3-18〉 발굴장 구경 나온 동네 어르신(2지구 1구덩의 북벽 위, 작업 광경을 보는 척하다 잠이 든 노인과 그것을 보고 웃는 노인의 모습)

〈사진 3-19〉 유적을 방문한 미 해군 장교(Major Schwei)

〈사진 3-20〉 발굴을 마치고 짐을 강 건너로 옮기는 모습

부록 3-04. 4차 발굴(1967년, 연세대학교 박물관)

〈사진 4-1〉 현장사무실을 지으려고 강 건너에서 찍은 벽돌을 나르는 모습

〈사진 4-2〉 현장사무실 건물 상량식. 오른쪽은 완공된 현장사무실

〈사진 4-3〉 발굴 모습(1지구 61구덩)

〈사진 4-4〉 발굴 모습(1지구 61구덩)

〈사진 4-5〉 발굴장에 구경 온 동네 어르신(1지구 61구덩)

〈사진 4-6〉 발굴 모습(1지구 52구덩)

〈사진 4-7〉 발굴 구덩을 구획하여 조사하는 모습(1지구 71구덩)

〈사진 4-8〉 쐐기 모양 토층 발굴 모습(1지구 71구덩)

〈사진 4-9〉 방문객과 함께 발굴 현장 둘러보기(2지구 6구덩)

〈사진 4-10〉 현장 정리를 끝으로 하루 일과를 마침(2지구 6구덩)

〈사진 4-11〉 강 언저리 지층 단면 조사

〈사진 4-12〉 강 언저리 지층 단면 조사

〈사진 4-13〉 유적 방문객의 발굴 체험

〈사진 4-14〉 방문객과 함께 점심 불고기 식사

〈사진 4-15〉 유적을 방문한 박대선 연세대 총장 일행

〈사진 4-16〉 현장사무실에서 박대선 연세대 총장 일행과 함께

부록 3-05. 5차 발굴(1968년, 연세대학교 박물관)

〈사진 5-1〉 발굴 상황 기록과 출토 유물 정리(1지구 71구덩)

〈사진 5-2〉 발굴 모습(2지구 6구덩)

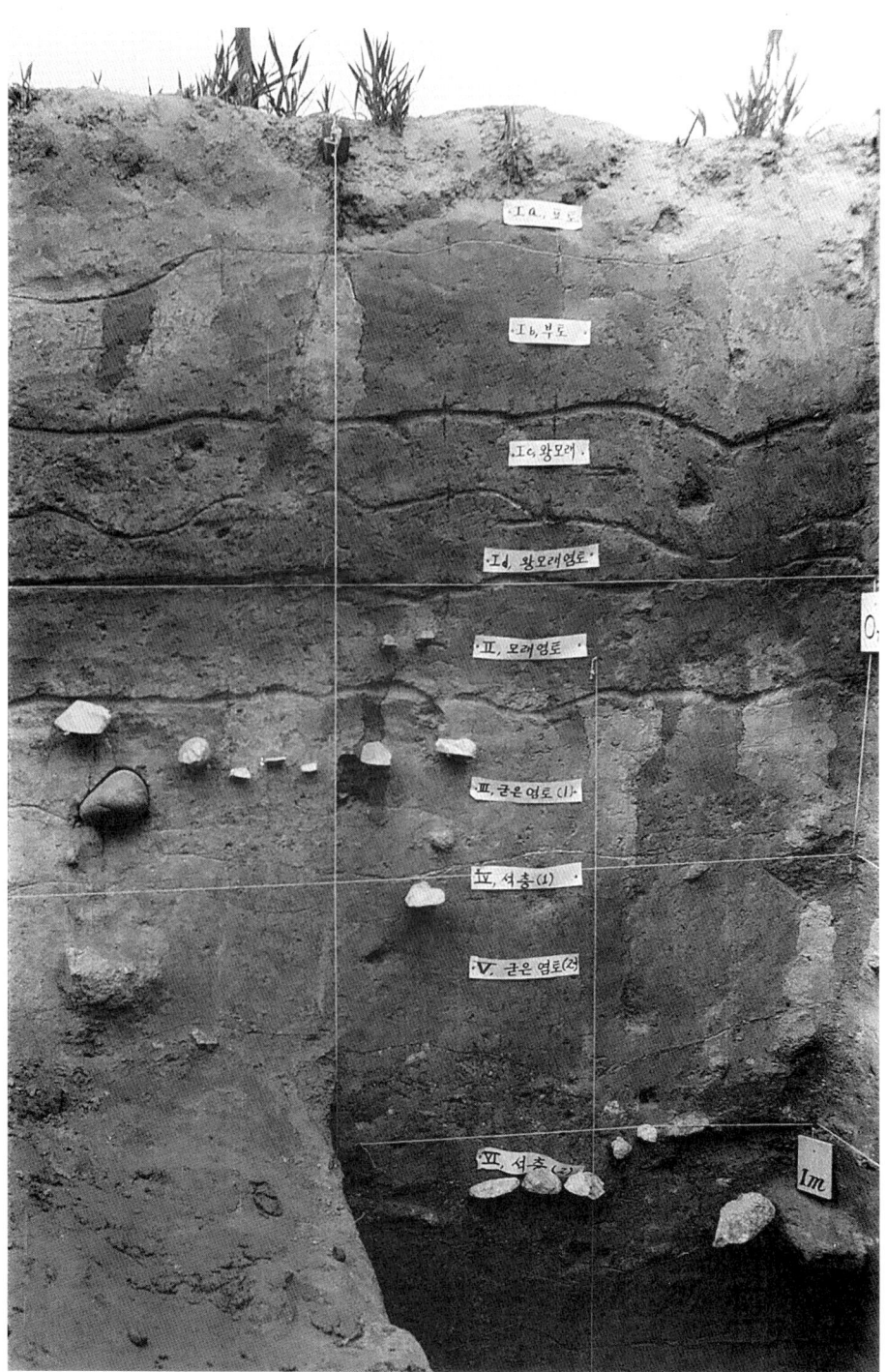

〈사진 5-3〉 1지구 61구덩의 북벽 단면

〈사진 5-4〉 2지구 6구덩의 남벽 단면

〈사진 5-5〉 2지구 7구덩의 동벽 단면

〈사진 5-6〉 지게로 흙짐을 나르는 외국인 대학원생

〈사진 5-7〉 실체현미경으로 발굴 유물 관찰

〈사진 5-8〉 층위 사진 촬영과 기록(2지구 7구덩)

〈사진 5-9〉 카메라 필름의 roll 번호 매기기

〈사진 5-10〉 현장사무실 앞마당에서 기념 촬영

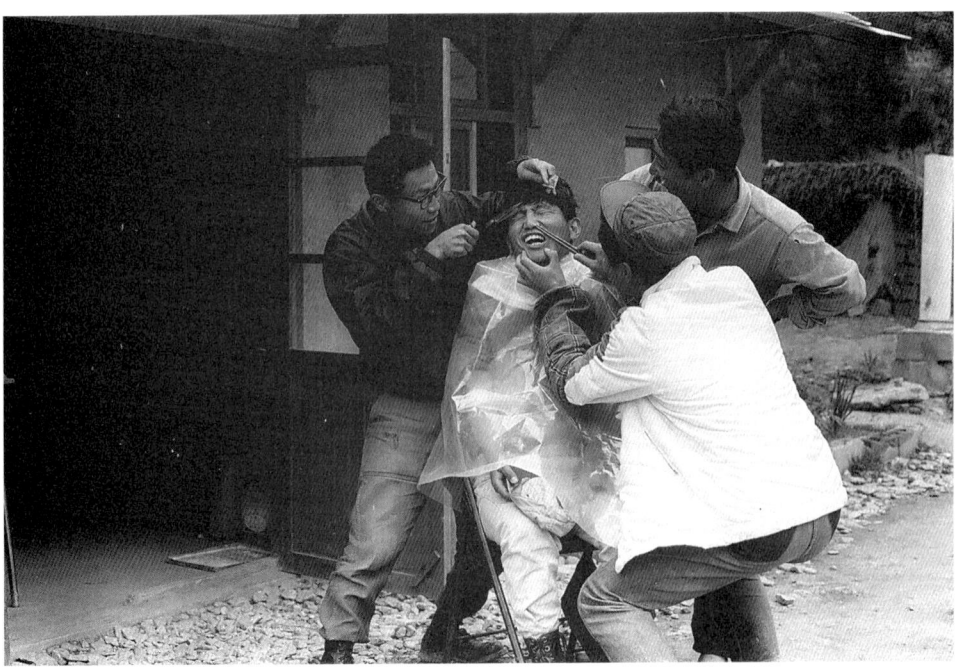
〈사진 5-11〉 현장사무실 앞마당에서 머리털, 코털 손질

부록 3-06. 6차 발굴(1969년, 연세대학교 박물관)

〈사진 6-1〉 1지구 발굴 구덩 자리잡기(뒤편으로 현장사무실이 보임)

〈사진 6-2〉 바둑판식 발굴 모습(1지구)

〈사진 6-3〉 1지구 61구덩(단면도 작성 중), 79, 78, 77, 76, 75, 74구덩의 모습

〈사진 6-4〉 2지구 5구덩 서벽

〈사진 6-5〉 2지구 5구덩 동벽

〈사진 6-6〉 2지구 11구덩 서벽

〈사진 6-7〉 1지구 75구덩 서벽

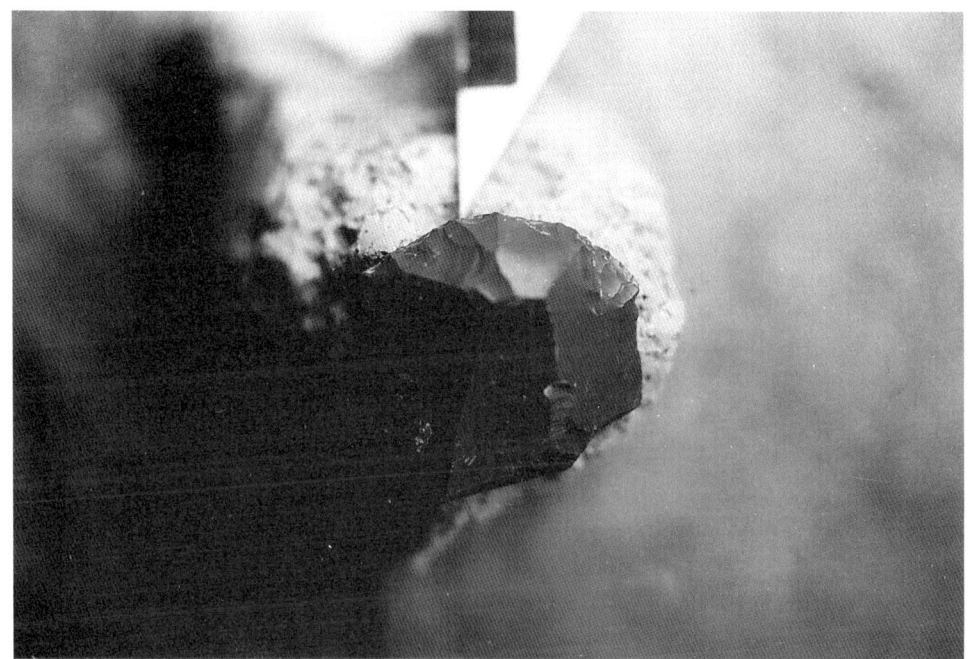

〈사진 6-8〉 흑요암 밀개(1지구 78구덩)

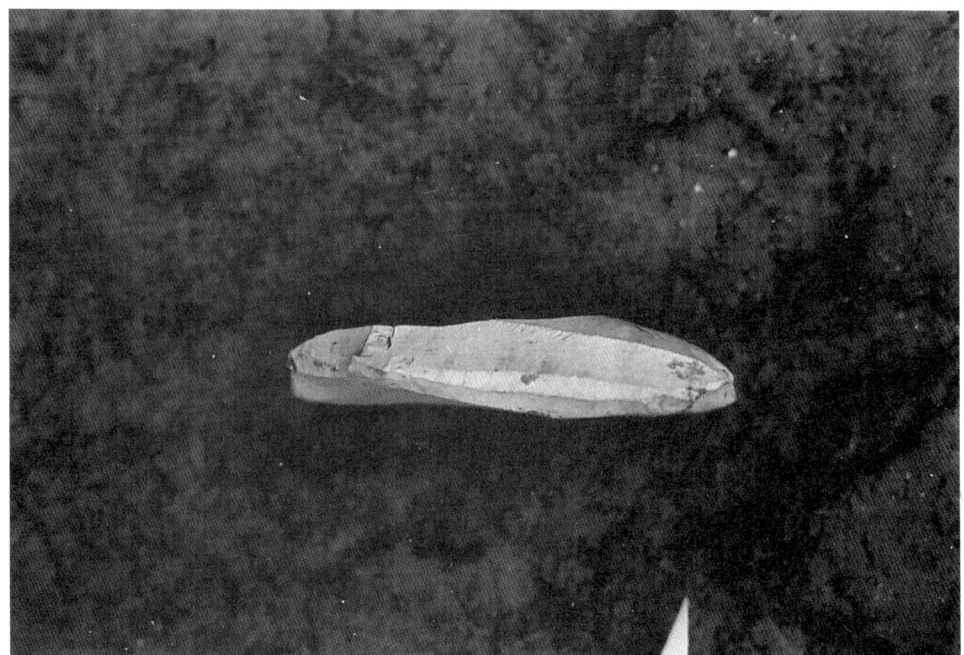

〈사진 6-9〉 좀돌날 몸돌(1지구 77구덩)

〈사진 6-10〉 트랜싯 측량

〈사진 6-11〉 필름을 갈아 끼우는 모습

〈사진 6-12〉 금강 홍수(2지구 1구덩 북벽)

〈사진 6-13〉 홍수로 무너진 1지구 52구덩

〈사진 6-14〉 멀리서 본 발굴 구덩의 되메우는 모습

〈사진 6-15〉 가래질로 발굴 구덩을 되메우는 모습

부록 3-07. 7차 발굴(1970년, 연세대학교 박물관)

〈사진 7-1〉 발굴 모습(1지구)

〈사진 7-2〉 발굴 모습(1지구)

〈사진 7-3〉 겉흙 제거 후 계단식 발굴(1지구 51구덩, 아래쪽에서 유물층이 드러나고 있음)

〈사진 7-4〉 강가 비탈면의 겉흙 정리(1지구 51구덩)

〈사진 7-5〉 멀리에서 본 계단식 발굴 모습(오른쪽 위편으로 현장사무실이 보임)

〈사진 7-6〉 1지구 51구덩(f·g칸) 발굴 모습

〈사진 7-7〉 1지구 51구덩(f·g·h칸) 발굴 모습

〈사진 7-8〉 1지구 51구덩(e·f·g·h칸) 발굴 모습

〈사진 7-9〉 출토 유물의 평면도 작성(1지구 51구덩 c·d·e·f·g·h·i칸)

〈사진 7-10〉 1지구 51구덩(e·f·g·h칸) 발굴 모습

〈사진 7-11〉 실선 표시 안쪽 부분에서 숯 발견(손보기, 1993, 170쪽 참조)

〈사진 7-12〉 좀돌날 몸돌(1지구 51구덩 c5칸)

〈사진 7-13〉 실체현미경으로 석기 관찰

〈사진 7-14〉 토양 수침 검사

〈사진 7-15〉 사진 촬영(1지구 51구덩)

〈사진 7-16〉 영화 촬영(1지구 51구덩)

〈사진 7-17〉 영화 촬영(1지구 51구덩)

부록 3-08. 8차 발굴(1971년, 연세대학교 박물관)

〈사진 8-1〉 발굴 모습(1지구 51구덩)

〈사진 8-2〉 1지구 51구덩 전경

〈사진 8-3〉 집자리 모습(1지구 51구덩)

〈사진 8-4〉 1지구 51구덩 서벽

〈사진 8-5〉 유물 정리 모습

〈사진 8-6〉 기념 촬영

〈사진 8-7〉 1지구 51구덩을 보호하기 위하여 흙 가마니를 쌓은 모습(정면)

〈사진 8-8〉 1지구 51구덩을 보호하기 위하여 흙 가마니를 쌓은 모습(측면)

부록 3-09. 9차 발굴(1972년, 연세대학교 박물관)

〈사진 9-1〉 1지구 51구덩의 위치

〈사진 9-2〉 발굴 모습(1지구 51구덩)

〈사진 9-3〉 발굴 모습(1지구 51구덩)

〈사진 9-4〉 출토 유물 등록 모습(1지구 51구덩)

〈사진 9-5〉 출토 유물 평면도 작성(1지구 51구덩)

〈사진 9-6〉 층위 단면도 작성, 출토 유물 세척(1지구 51구덩)

〈사진 9-7〉 지층 전사(1지구 51구덩)

〈사진 9-8〉 영화 촬영(1지구 51구덩)

부록 3-10. 10차 발굴(1974년, 연세대학교 박물관)

〈사진 10-1〉 멀리에서 본 1지구의 모습(61, 62, 63, 64구덩)

〈사진 10-2〉 발굴 모습(1지구)

〈사진 10-3〉 발굴 모습(1지구)

〈사진 10-4〉 발굴 모습(1지구)

〈사진 10-5〉 생고무(latex)와 석고를 이용하여 출토 석기의 모형 틀을 만드는 모습(1지구 61, 62구덩)

〈사진 10-6〉 석고 틀을 들어 올리는 모습(1지구 61, 62구덩)

〈사진 10-7〉 층위 단면 작성(1지구 61, 62, 63구덩)

〈사진 10-8〉 발굴을 마치고 비닐로 바닥을 덮은 모습(1지구 61, 62, 63구덩)

<사진 10-9> 발굴 구덩을 되메우기 위하여 강 건너에서 모래를 실어나르는 모습

<사진 10-10> 발굴 구덩을 되메우는 모습(1지구)

• 파른 손보기 해적이 •

학력

1940	휘문중학교 졸업, 연희전문학교 문과 입학
1943	연희전문학교 문과 졸업, 구주제국대학 법문학부 동양사학과 입학
1944	학병 문제로 위 대학 자퇴
1946	경성대학 법문학부 사학과 편입
1947	서울대학교 문리과대학 사학과 졸업, 서울대학교 대학원 사학과 입학
1949	서울대학교 문학석사 학위 수득(6월 15일)
	[논문 제목] 〈李朝時代 階級內 排椅의 發生問題〉
1950	서울대학교 대학원 수료
1954	연구차 도미(12월 20일)
1955	캘리포니아대학교(University of California at Berkeley) 대학원 사학과 박사과정 입학
1963	캘리포니아대학교 철학박사 학위 수득(역사학 전공)(9월 6일) [논문 제목] Social History of the Early Yi Dynasty 1392-1592: With Emphasis on the Functional Aspects of Governmental Structure. University of California, Berkeley.
1998	몽골 과학원(Mongolian Academy of Sciences) 명예 철학박사

경력

1944~45	경성의법학교 교사
1945~46	휘문중학교 교사
1949~52	서울대학교 전임강사(사범대학)

1952~57	서울대학교 조교수(사범대학)
1952	서울대학교 사범대학 도서과장
1954	연구차 도미
1957~58	캘리포니아대학교(University of California at Berkeley) 국제연구소 연구원
1959~60	캘리포니아대학교 사회과학연구소 연구원
1960~63	록펠러재단(Rockefeller Foundation) 초빙 연구학자
1963	귀국(9월)
1964	고려대학교 아세아문제연구소 연구원
1964~87	연세대학교 교수(문과대학 사학과)(1964년 3월 1일 임명)
1965~81	연세대학교 박물관장(1965년 3월 1일 임명)
1967~69	연세대학교 문과대학 학장
1967~72	한국사연구회 대표 간사
1968~71	영국 왕립협회 한국지부(Korea Branch of the Royal Asiatic Society) 이사
1969	국립중앙도서관 고서위원회 위원
1969~71	문화공보부 문화재위원회 위원
1970	국제역사학회(International Committee of Historical Sciences) 한국위원회 상임위원
1973~90	세종대왕기념사업회 상임이사
1974~79	연세대학교 한불문화연구소 소장
1975~08	국제역사학회 한국위원회 부위원장
1978	문공부 제2차 문예중흥5개년계획 자문위원(전통분과)
1982~84	독립기념관 종합기획위원회 위원장
1982~87	문교부 국사편찬위원회 위원
1984~86	한국민족운동사연구회 회장
1985	캘리포니아대학교(University of California at Berkeley) 초빙교수
1985~90	서울특별시 문화재위원회 위원
1986	'독립기념관 건립추진' 기획위원
1986~89	문교부 국사교육심의위원회 위원
1986~00	서울특별시 지명위원회 위원
1987~95	문화공보부/문화부 문화재위원회 위원·위원장

1987~90	한민족학회 회장
1987~91	한국선사문화연구소 소장
1987~08	국제고인류학회 집행위원
1987~08	국제선사원사학회(Union Internationale des Sciences Préistoriques et Protohistoriques) 위원
1989~09	겨레문화연구원 이사장
1990~92	과학기술처 전통과학분과 자문위원
1989~96	단국대학교 한국민족학연구소 초빙교수 겸 소장
1992~98	한몽학술조사연구협회 회장
1992~99	장보고대사 해양경영사연구회 회장
1995	'국립자연사박물관 건립추진위원회' 자문위원
1995~06	노동부 인력관리공단 전승기능 자문위원
1996	연세대학교 용재석좌교수
1997~02	단국대학교 석좌교수, 단국대학교 석주선민속박물관 관장
2002~05	연세대학교 박물관 초빙교수
2005~10	석장리박물관 명예 관장

수상

1972	한국출판문화상(한국일보사)
1973	독일 마인츠(Mainz) 시장으로부터 활자 연구 공로 메달을 받음.
1976	외솔상(문화 부문, 재단법인 외솔회)
1987	세종문화상(학술 부문, 문화공보부)
1989	성곡학술상(인문사회과학 부문, 성곡학술문화재단)
	인쇄문화상(특별 부문, 대한인쇄문화협회
1990	옥관문화훈장(대한민국문화예술상, 문화부)
1996	용재석좌교수(연세대학교)
2000	세종성왕상(세종대왕 기념사업회)
2003	장지연상(위암 장지연 선생 기념사업회)
	연문인상(연세대학교 문과대학)

유적 조사 발굴

1964 영종도 답사, 석장리 유적 현지 조사(5월)

[참고문헌] 연세대학교 박물관 엮음 2017,《파른 손보기와 석장리 유적》, 연세대학교 박물관.

1964~72 공주 석장리 유적 발굴(1~9차)

[참고문헌] 손보기 1993,《석장리 선사유적》, 동아출판사.

손보기 2009,《석장리 유적과 한국의 구석기 문화》, 한국구석기학회 총서 1, 학연문화사.

석장리박물관 펴냄 2008,《사진으로 보는 석장리 선사유적 발굴》.

연세대학교 박물관 엮음 2017,《파른 손보기와 석장리 유적》, 연세대학교 박물관.

1971 프랑스 페쉬드라제(Pech de l'Azé Dordogne) 유적 발굴 참가(1개월)

[참고문헌] 〈인터뷰 "우리考古學은 世界水準" 프랑스石器유물발굴 참가한 孫寶基 교수〉,《경향신문》1971년 8월 20일.

1972 양평 양근리, 앙덕리 유적 발굴

[참고문헌] 손보기·이융조 1974, 〈양평군 양근리지역·앙덕리지역 유적발굴보고〉,《八堂·昭陽댐 水沒地區遺蹟發掘綜合調査報告》, 문화재관리국.

1973~77 제천 점말 용굴 발굴(1~5차)

[참고문헌] 손보기 1975, 〈제천 점말동굴 발굴 중간보고〉,《한국사연구》11, 한국사연구회.

손보기 1978, 〈한국 구석기 문화의 연구-제천 점말동굴 발굴조사 연구〉,《한국사연구》19, 한국사연구회.

1974 공주 석장리 유적 발굴(10차)

[참고문헌] 손보기 1993,《석장리 선사유적》, 동아출판사.

1977~78 청원 두루봉 구석기 유적 발굴(9굴)

[참고문헌] 손보기 1983,《두루봉 9굴 살림터》, 연세대학교 박물관 선사연구실.

1978 통영 상노대도 조개더미 유적 발굴

[참고문헌] 손보기 1982,《상노대도의 선사시대 살림》, 연세대학교 박물관 선사연구실.

1979~80 제천 점말 용굴 발굴(6~7차)

[참고문헌] 손보기·박영철·한창균 1980,《제천 용굴 발굴 보고》, 연세대학교 박물관.

연세대학교 박물관 엮음 2009,《제천 점말동굴유적 종합보고서》, 제천시·연세대학교 박물관.

1981 단양 상시 바위그늘 유적 발굴

[참고문헌] 손보기 1974,《상시 1그늘 옛살림터》, 연세대학교 선사연구실.

1983~85 단양 도담리 금굴 발굴

[참고문헌] 손보기 1983, 〈단양 도담리지구 유적발굴 약보고서〉, 《'83忠州댐水沒地區文化遺蹟發掘調査略報告書》, 충북대학교 박물관.

손보기 1984, 〈단양 도담리지구 유적 발굴조사 보고-1983·84년도-〉, 《忠州댐水沒地區文化遺蹟發掘調査綜合報告書. 考古·古墳分野(I)》, 충북대학교 박물관.

손보기 1985, 〈단양 도담리 금굴 유적발굴조사 보고〉, 《忠州댐 水沒地區 文化遺蹟延長發掘調査報告書》.

1983   제원 월굴리 선돌 발굴

[참고문헌] 손보기 1984, 〈제원 월굴리지구 유적발굴조사 보고-1983·84년도-〉, 《忠州댐水沒地區 文化遺蹟發掘調査綜合報告書. 考古·古墳分野(I)》, 충북대학교 박물관.

1985   중부고속도로 제3·4·5공구 지표조사

[참고문헌] 손보기 1986, 〈중부고속도로 제3·4·5공구 지표조사 보고〉, 《中部高速道路文化遺蹟地表調査報告書》, 충북대학교 박물관.

1986   광주 궁평리 유적 발굴

[참고문헌] 손보기 1986, 〈광주 궁평리유적 발굴조사 보고〉, 《中部高速道路 文化遺蹟發掘調査報告書》, 충북대학교 박물관·한국도로공사.

1988   파주 다율리 고인돌 발굴

[참고문헌] 손보기·장호수·편준규 1994, 〈1988년 다율리 고인돌 무덤 발굴 보고〉, 《다율리, 당하리 지석묘 및 주거지》, 한양대학교 문화인류학과·한국선사문화연구소.

1988   강화 두운리 고려 무덤 발굴

[참고문헌] 손보기 1988, 《가락 허시중공 무덤 발굴조사보고》, 한국선사문화연구소·가락허씨시중공파중앙회.

1989   일산지구 문화유적 지표조사

[참고문헌] 손보기·윤내현·한창균·신숙정·조태섭·홍현선·공수진·양현주 1989, 《일산지구 문화유적 지표조사보고서》, 경기도·한국선사문화연구소·단국대 중앙박물관.

1990   공주 석장리 선사유적 발굴(11차)

[참고문헌] 손보기 1994, 《석장리 선사유적: 11차-12차 발굴보고》, 한국선사문화연구소·충청남도 공주군.

1991   일산 대화리 유적 발굴

[참고문헌] 손보기·신숙정·장호수 1992, 〈일산 1지역 고고학 조사〉, 《자연과 옛사람의 삶》, 일산 새도시 개발지역 학술조사보고 1, 한국선사문화연구소·경기도.

1991   대전 둔산지구 구석기 유적 발굴

[참고문헌] 손보기·박영철·장호수 1995, 〈구석기시대 유적 조사〉, 《屯山: 先史遺蹟發掘調査報告書》, 충남대학교 박물관.

1992 　공주 석장리 선사유적 발굴(12차)

[참고문헌] 손보기 1994, 〈11~12차 발굴 조사 성과〉, 《석장리 선사유적: 11차-12차 발굴보고》, 한국선사문화연구소·충청남도 공주군.

1992 　동몽골 고고 유적 조사 발굴(1차년도)

[참고문헌] 손보기·최복규·한창균·장호수·성현경·손기언 1992, 〈고고학 유적 답사 보고〉, 《한몽공동학술조사》 1, 한몽학술조사연구협회·몽골 과학원.

1993 　동몽골 고고 유적 조사 발굴(2차년도)

[참고문헌] 손보기·최복규·한창균·장호수·박상빈·최승엽 1993, 〈오스틴 덴즈 신석기 유적 발굴 보고〉, 《한몽공동학술연구》 2.

손보기·최복규·박명도·한창균·장호수·최승엽·박상빈 1993, 〈오스틴 암 네모무덤 발굴보고〉, 《한몽공동학술연구》 2.

손보기·김기철·밧트 사이한·알텐 게렐 1993, 〈하이르한 돌무지무덤 1, 2호 발굴 약보고〉, 《한몽공동학술연구》 2, 한몽학술조사연구협회·몽골 과학아카데미.

1993~94 　파주 교하리 고인돌 발굴

[참고문헌] 손보기·장호수 1994, 〈교하리 고인돌 무덤 발굴 보고〉, 《다율리, 당하리 지석묘 및 주거지》, 한양대학교 문화인류학과·한국선사문화연구소.

1994 　동몽골 고고 유적 조사 발굴(3차년도)

[참고문헌] 손보기 1994, 〈다리강가 지역의 자연환경과 선사 및 고구려 유적지〉, 《한몽공동학술연구》 3, 한몽학술조사연구협회·몽골 과학아카데미.

1995 　동몽골 고고 유적 조사 발굴(4차년도)

[참고문헌] 손보기·한창균·홍미영·김기태·성현경·박성진 1995, 〈숨틴 토이름 유적 발굴보고〉, 《한몽공동학술연구》 4, 한몽학술조사연구협회·몽골 과학아카데미.

1996 　서울대공원 지역 문화유적 지표조사

[참고문헌] 손보기·박명도·한창균·박상빈·손기언 1996, 《서울대공원 지역 문화유적 지표조사 보고서》, 단국대학교 한민족학연구소.

1996~97 　광주 곤지암천 유역 문화유적 지표조사

[참고문헌] 손보기·한창균·박명도·손기언 1997, 《경기도 광주군 곤지암천 유역 문화유적 지표조사 보고

서》, 경기도 광주군 광주문화원·단국대학교 한국민족학연구소.

1997　　용인 마북리 유적 발굴

[참고문헌] 한창균·박명도·박상빈·박준범·김기태 1997,《용인 마북리 유적》, 단국대학교 한국민족학연구소.

1997　　양평 앙덕리 유적 발굴

[참고문헌] 손보기·한창균·홍미영·손기언·박준범·김기태·박성진·김한식·김영준·한혜선 1998,〈앙덕리 유적의 발굴 조사와 출토 유물〉,《양평 앙덕리 유적》, 단국대학교 중앙박물관·서울지방국토관리청.

1998~99　포천 반월산성 발굴 조사단장(3~4차)

[참고문헌] 손보기·박경식·박성상·김병희·황정욱 1998,《포천 반월산성 3차 발굴조사보고서》.

손보기·박경식·서영일·김병희·황정욱 1999,《포천 반월산성 4차 발굴조사보고서》, 단국대학교 중앙박물관·포천군.

1999　　망이산성 발굴 조사단장(2차)

[참고문헌] 손보기·박경식·김병희·황정욱·정성권 1996,《안성 망이산성 2차 발굴보고서》, 단국대학교 중앙박물관·안성군.

찾아보기

ㄱ

간접떼기 51
간접타격 47
강동군 향목리 75
강안리 66
개성공업지구 공장구역 29
격지 45, 51, 54
고성환 194
공귀리 48
구·쌍·툰 67
굴포리 10, 11, 20, 23, 24, 25, 26, 28, 33, 68, 95, 96, 146, 162, 163
굴포문화 23, 24, 26, 27, 28, 147, 162, 163
긁개 45, 47, 50, 54, 88, 142, 143
금석병용기설 66
김상헌 15, 16, 20, 118, 126, 173
김석형 23
김순남 17, 117, 119, 125, 129
김영배 173
김원룡 16, 22, 131, 132, 134, 148, 152, 156, 173
김윤석 156
김정학 9
김창주 85
꼬리표 56, 59, 60, 95
꽃가루 분석 31, 32, 41, 44

ㄴ

나오라 노부오 66
노호준 15, 118, 126, 173
눌러떼기 47, 48, 49, 54

ㄷ

덕영중강德永重康 67
덕천 승리산 30
도유호 23, 25, 26, 27, 28, 29, 31, 33, 45, 48, 162
돌괭이 47, 50, 54
돌날 19, 47, 48, 49, 50, 142
돌날떼기 47, 48, 51
돌날 몸돌 142
돌대패 50, 54
동관진 26, 27, 39, 66, 67, 68, 70, 71, 152
뒤뜰굴 9
등록번호 59, 62, 63
또따벨 80, 81, 84
뚜르개 48, 50, 54

ㅁ

먼셀흙빛깔표 32, 33, 95
모래 40, 53

찾아보기 · 251

모루 142, 162
모룻돌 47, 50
모비우스 H.L. Movius 33, 34
모어 A.D. Mohr 13, 14, 27, 153, 154, 156, 164
몸돌 47, 48, 49, 53
문화재위원회 15, 16, 129, 131, 132, 154
민영규 15, 118, 126, 130, 134, 156, 194
밀개 33, 40, 45, 47, 50, 54, 88, 163, 217

ㅂ

박물관 운영위원회 15, 116, 125, 136, 137, 153, 154, 170
박대선 127, 128, 129, 134, 136, 140, 156, 187, 205
박충래 78
발굴번호 59, 60, 62, 63, 190
발굴일지 59
방사성탄소 연대 측정 27, 28, 31, 32, 33, 34, 35, 36, 38, 39, 41, 44, 96, 167
백낙준 187, 194
백남운 65, 66
벤지다인 청색 시험 32, 40
부딪쳐떼기 51
부포리 덕산 23, 162
북경원인 81
북하리 9
뼐 53

ㅅ

사냥돌 47, 50, 54
사진대장 61
산도(pH) 39, 40, 96
삼위삼 森爲三 67
상원 검은모루 23, 30, 75
새기개 33, 40, 47, 48, 49, 50, 54
샘플 L.L. Sample 13, 14, 153, 154, 156
석장나루 76

석장리동 73, 86, 87, 88, 93, 94
석장리 세계구석기축제 85
석장천 88
세계구석기공원 86
손보기 13, 14, 15, 20, 26, 33, 34, 36, 38, 54, 78, 79, 118, 126, 130, 134, 137, 141, 148, 151, 153, 158, 159, 160, 166, 167, 173, 174, 193
수양개 73
수종 감정 31, 32, 41, 44
식민지사관 20, 154, 156
신성욱 14, 15, 118, 126, 154, 159, 173
쌍날찍개 47, 50, 54, 68

ㅇ

안비루 마사오 85
안팎날찍개 50, 54
앙리 드 룸리 H. de Lumley 85
양경린 36, 41, 166, 167, 168
엇갈림떼기 47, 51
연대봉 67
염토 39, 40, 53
오계칠 41
오지영 41
외날찍개 47, 50, 68
우리말 용어 46, 48
우병희 15, 118, 126, 159, 173
월평 73
유물대장 56, 62, 63, 95
유물카드 56, 62, 63, 95
윤용진 159
윤인구 116, 123, 124
윤천주 16, 134
이와주쿠 73, 80, 81
이우주 114, 152, 156, 174
이융조 15, 34, 118, 126, 159, 173
이홍직 71

ㅈ

자르개 47, 48, 50, 54
잔손질 51
장덕리 9, 10, 31, 44, 146
장암교 76
장암리 17, 56, 89, 91, 92, 93, 119, 121, 125, 129, 133, 134, 153, 157
장지남 156
전곡리 72, 73
정명호 19, 20, 34, 159, 173
정선 매둔 동굴 41
정영호 79
제천 점말 동굴 41
조의설 154, 173
좀돌날 몸돌 217, 226
주먹괭이 50, 54
주먹대패 50, 54, 88
주먹도끼 19, 45, 47, 48, 49, 50, 63, 64, 88, 142, 143, 144, 164, 183, 184
주먹자르개 50, 54
주월리와 가월리 72, 73
직량신부直良信夫 67
직접떼기 51
직접타격 47

찌르개 47, 48, 54, 88
찍개 45, 47, 48, 54, 88, 142

ㅊ

차드 C.S. Chard 13
채병서 34
최복규 159

ㅌ

토양 산도 32

ㅍ

팔매돌 50

ㅎ

한태동 153, 156, 174
한흥수 9, 65, 66
홍이섭 115, 156
황기덕 66
후지다 27

지은이

한창균	한국구석기캠프 대표(전 연세대학교 박물관장)
서인선	연세대학교 박물관 학예사
김수아	석장리박물관 학예사

한국구석기캠프 어울림 마당 1

석장리 유적과 함께하는 **고고학** 여정

1쇄 발행　　2025년 12월 8일

펴낸이　　오일주
펴낸곳　　도서출판 혜안

등록번호　　제22-471호
등록일자　　1993년 7월 30일

주소　　04052 서울시 마포구 와우산로 35길 3(서교동) 102호
전화　　02-3141-3711~2 / 팩스 02-3141-3710
이메일　　hyeanpub@daum.net

ISBN　　978-89-8494-761-0　93910

값　　30,000원